2030年に
勝ち残る日本企業

Yasumasa Yamamoto
山本　康正

PHP
Business Shinsho

PHPビジネス新書

はじめに

GAFA（グーグル、アマゾン、フェイスブック、アップル）をはじめとする米国のテクノロジー企業や、いずれGAFAのような巨大企業に成長する可能性を秘めたベンチャー企業には、共通する特徴があります。次の三つのメガトレンドに準じたビジネスを展開していることです。

①データを制するものが未来を制す
②業界の壁を越える（コングロマリット化）
③ハード／ソフトではなく体験が軸になる

そして、この三つのメガトレンドは、これから5年、10年と続くトレンドでもあります。企業が今後、生き残っていくためには、この三つのメガトレンドを正しく理解し、自らの事業に重ね合わせ、ビジネスを展開していくことが必要です。

①データを制するものが未来を制す

ひと昔前、ビジネスを制するためのアセット（資産）は石油でした。その石油に代わり、現代のビジネスを勝ち抜くためになくてはならないのが、データです。データを制したものが未来を制するのです。

ただし、データは石油と同じで、持っているだけでは意味がありません。正しく「精製」し、使えるアセットとして整える必要があります。クレンジングという作業です。

そして、クレンジングされて整ったデータを、どのように利用するのか。

結論から言えば、データを活用すると、「情報の非対称性」の壁を越えることができます。「情報の非対称性を越える」とは、顧客に対する「おもてなし」とも言えます。

例えば、ECで最適なレコメンデーションをAI（人工知能）が行なう。一人ひとりに最適な保険商品を、担当者の経験や勘ではなく、圧倒的なデータをもとに提供する。このようなサービスです。

データは、古い、一時的なものだけでなく、可能な限り最新のもの、リアルタイムの連続性のあるものを活用することもポイントです。

②業界の壁を越える（コングロマリット化）

「うちは○○屋だから」

日本のビジネスパーソンと話していると、自分が属する企業や業界のことを、このように言う人が少なくありません。しかし、グローバルトレンドから見ると、これは時代遅れ以外の何物でもありません。

そもそも業界というものは、総務省が定義している業界コードに則《のっと》っただけのものです。GAFAなどはまったく気にすることなく、次々と業界を越えた新しいサービスを開発しています。事業の多角化、コングロマリット化です。

例えば、テスラ。もともとはEV（電気自動車）の開発や製造がメインの事業でしたが、現在では太陽光発電といったエネルギー事業や保険事業も手がけています。

アマゾンも同様です。エンドユーザー向けの小売事業がメインでしたが、現在ではBtoBのクラウドサービス「AWS（アマゾン ウェブ サービス）」が事業の柱となっています。

さらに、EVや保険事業も手がけています。

さまざまな新規事業に手を出しすぎて、自分たちの強みがわからなくなる懸念があるならば、それは自社のパーパス（存在意義）と強みを確認できていないからです。

新規事業は打率1割と言われています。あくまでも実験的なものを、試験的に10個進めて、3年区切りで9個をやめ、一つ成功例が出る、というほどのスピード感が必要です。業界の区分を意識したり囚われたりしていると、ビジネスチャンスの喪失につながります。

③ハード／ソフトではなく体験が軸になる

これは、日本の製造業者に特に伝えたいトレンドです。

日本にはもともとハードウエアが強いという特徴がありました。ハードウエアが強いこと自体は素晴らしいのですが、「いい製品を作っていれば売れる」という考えは、このトレンドと合致《がっち》しません。売った先のサービスを考えていないことも、このトレンドと乖離《かいり》しています。

ハードウエア／ソフトウエアの区別など気にすることなく、「どのような体験をユーザーに届ければ満足してもらえるのか」を考えることが重要です。実際に、そのような考え方でサービスを提供している企業が成長しています。

アマゾンがサブスクリプション（継続課金）サービスである「アマゾンプライム（Amazon

Prime)」を展開しているのはいい例です。今でこそ慣れてしまった感がありますが、注文した商品が翌日に届く体験を初めてした際には、多くの人が感動したはずです。

スマートスピーカーの「アマゾンエコー（Amazon Echo)」も同様です。ハードウエアを単に開発・販売するだけではなく、アマゾンエコーをフックに、「アマゾンミュージック(Amazon Music)」などの体験を提供しています。

アップルも同様のサービスを展開しています。


テクノロジーを軸としたこれら三つのメガトレンドは、当然、日本企業にも大きな影響を与えています。

本書では、日本の主要な業界における三つのメガトレンドの影響を深掘りし、具体的に、「どのような企業が、どんなサービスを手がけているのか」「これから先、日本企業が生き残るためには、どのような対応や施策を行なえばよいのか」について、お話ししていきます。できる限り、日本企業の取り組みや事例も紹介しています。

単に危機感を煽《あお》るような未来予測ではなく、グローバルなトレンドに乗って事業を成長させるための方策も示すことを目的としています。

本書を読み進めていただければ、あなた自身が属する業界のトレンドを知るだけでなく、今後、どのような点に気をつけてビジネスを展開していけばよいのかのヒントも得られるはずです。ご自身が属する業界や日々のビジネスに重ね合わせ、自分とは遠い世界の話だと思わずに自分事化《じぶんごとか》して、ぜひとも明日からの仕事に活かしていただければと思います。

２０３０年に勝ち残る日本企業

目次

業界の壁を越えて、さまざまな企業が続々参入する
EVの価格は従来の自動車の半額以下に
自動運転の「データを制するもの」はアマゾンやテスラ
日本の自動車メーカーはテクノロジー企業の自動運転AIを搭載する
ロボタクシーが一般化し、自家用車が売れなくなる
プレミアムな体験を提供できないタクシードライバーは不要に
日本の自動車メーカーはテクノロジー企業と組むしかない
必要なのは具体的なアクションと強い意思
ワクワクするデザインを取り戻せ
日本の家電メーカーにとってEVの普及はチャンス

第3章 ヘルスケア・保険

日本人のバイタルデータはGAFAに奪われてしまうのか？

ヘルスケアの「データを制するもの」はGAFAとマイクロソフト
バイタルデータをもとにGAFAが保険業界に進出する
「アマゾンケア」に日本の保険会社が対抗するには？
独自にデータを収集し、アマゾンの先を行く「平安保険」
スマートフォンを活用した遠隔医療サービスも加速

第11章 不動産

日本の不動産事業に「黒船」が乗り出す日は来るのか？

オープンデータを制するものが不動産業界を制する
現地に行くことなく3D映像で内覧し、購入はオンライン決済で
「分譲」「賃貸」「ホテル」の垣根がなくなる
不動産業界に「黒船」はやって来るか？

第12章 エネルギー

日本は化石燃料からクリーンエネルギーに転換できるか？

クリーンエネルギーの開発・利用が加速する
広い海を持つ日本で「海洋風力発電」はできないのか？
自宅で使う電気は自宅で発電するのが当たり前になる
AIの活用で使用電力を大幅に減らせる

第1章

小売

ECの覇者「アマゾン」に日本市場は席巻されてしまうのか？

写真：AP／アフロ

❖小売の「データを制するもの」はアマゾン

もともとオンライン書店からビジネスをスタートしたアマゾンは、その後、多くの商材を扱うようになり、今ではアマゾンで購入できない物はないのではないかと思うほど、多種多様な商品を取《と》り揃《そろ》えています。

最近では、2017年に米国のグロサリーストア(食料品スーパーマーケット)チェーンのホールフーズ・マーケット(Whole Foods Market)を買収し、ECでは難しかった生鮮食品も扱うようになりました。

2018年にはピルパック(PillPack)というオンライン薬局を買収。それからしばらく期間は空きましたが、2020年に「アマゾンファーマシー(Amazon Pharmacy)」というオンライン薬局を立ち上げ、日本ではまだ認可されていない、より市場の大きい処方薬のオンライン販売にも乗り出しました。

これは、処方薬のオンライン販売のために、従来の法律に囚われず、アマゾンが規制当局を説得した、と捉えるべきでしょう。アマゾンファーマシーの登場により、米国ではオンラインで処方薬を買える動きが加速しています。

　こうして膨大な数の顧客を得たアマゾンは、大量の購買データを保有し、ECではもちろん、リアル店舗「アマゾンゴー（Amazon Go）」でもデータの活用ができる状態になりつつあります。

　データを活用すれば、顧客と無関係な商品ではなく、顧客が興味を持っていそうな商品、「これが欲しかった！」と気づきを与える商品をお勧めしたり、クーポンを表示したりすることができます。このようなレコメンデーションこそ、最高の「おもてなし」です。

❖アマゾンも凌駕する「ウォルマート」の顧客体験

　データを活用することによってますます成長するアマゾンなどのEC事業者に、リアル店舗の小売業者はどう対抗すればいいのか。

「リアル店舗はECによって淘汰《とうた》される」と言う人もいます。

　2019年には、一時期は日本も含め世界40カ国以上に展開していたファストファッションの雄《ゆう》、FOREVER21が、2020年には、1826年に米国で創業した由緒《ゆいしょ》ある百貨店、ロード・アンド・テイラー（Lord & Taylor）が破産申請しています。

しかし、私は、リアル店舗が突然なくなるとは思いません。現時点での小売業界におけるECのシェアは、わずかだからです。もちろん、今後、ECの割合が増えていくことは間違いありませんが、携帯電話が出ても、公衆電話がいきなりゼロにはならず、徐々に消えていったように、リアル店舗のシェアがまったくゼロになるわけではなく、徐々に関係性が変化していきます。

では、両者はどのような関係性になっていくのか。

私は、両者の「いいとこ取り」をしながら、融合していくと見ています。ハイブリッド化とも言えるでしょう。

ウォルマート（Walmart）のこれまでの取り組みやサービスは、リアル店舗を持つ小売事業者が生き残るヒントを与えてくれます。

１９６２年に米国で創業したウォルマートは、現在、世界約26カ国で事業を展開し、従業員数約２３０万人、売上高約60兆円と、世界最大規模の小売業者に成長しました。

同社は、アマゾンなどのECが台頭してきた１９９０年代後半以降、「いかにしてECに挑《いど》めばよいのか」「自分たちは、どのようなサービスラインを展開すればよいのか」を模索し、試行錯誤を続けてきました。その努力の結果、展開しているのが、リアル店舗とECを融合させたハイブリッドなサービスです。

ウォルマートはECも展開していますが、もともとリアルな小売店舗がメインですから、住民が多く住む地域に出店していました。店舗の規模も、それなりの大きさを誇る場合がほとんどです。

一方、アマゾンはECがメインのため、ウォルマートよりも巨大な物流倉庫を構えてはいますが、顧客からの距離という点ではウォルマートよりも遠い。

そこでウォルマートは、顧客との距離の近さを活用してアマゾンに対抗しました。リアル店舗をECの倉庫として活用したのです。

これによって、例えば鮮度が落ちやすい生鮮食品を買いたい顧客は、ウォルマートのアプリで商品を購入し、最寄りのウォルマートの店舗で受け取ることができるようになりました。アマゾンで購入するよりも、ウォルマートで購入したほうが、早く商品を手に入れられる仕組みを構築したのです。

商品の受け取り方もスムーズです。店舗の中まで入らなくても、入り口に設置されているロッカーに、ウォルマートの従業員が納品してくれているからです。車から降りることなく、ドライブスルーのような形で、車のトランクに商品を入れてくれるサービスも展開しています。

もちろん、従来どおり、リアル店舗で買い物をすることもできます。

このように、リアル店舗ならではの体験を顧客に提供する戦略が奏功し、ウォルマートの業績は好調に推移しています。日本では、2005年に西友を買収したあと、2021年にファンド連合に主な持ち分を売却しましたが、成長市場であるインドなどにフォーカスを移しています。

❖リアル店舗でもデータの活用が「おもてなし」になる

リアル店舗ならではの体験と言うと、人による「おもてなし」を挙げる人が多くいます。例えば、多くのデパートでは、入り口近くにいる担当者が案内をしてくれます。最近ではずいぶん減りましたが、少し前までは、エレベーターに乗る際、扉の開け閉めをしてくれたり、行き先の階のボタンを押したりしてくれるサービスまで行なっていました。

確かに、このようなサービスは人でなければ提供できません。しかし、本当に顧客が求めているものでしょうか。

現代の多くの顧客は、人によるサービスだけよりも、アプリなどでいいので、いつでも対応してもらえる最適なサービスを望んでいます。

実際、以前は米国にも、店舗に顧客が入ると「How are you?」と声をかけ、来店目的や探している商品を聞く、御用聞きのようなスタッフが大勢いました。しかし、今では激減し、人によるサービスに固執していた百貨店は倒産しました。

「おもてなし」についてお話しするとき、私がよく使うたとえがあります。旅館の女将《おかみ》さんです。

女将さんは、旅館を訪れた一人ひとりの顧客の特徴や好みを覚えており、最適なおもてなしを提供してくれます。

しかし、旅館のスタッフ全員が、女将さんと同等のおもてなしを提供するには、相当な教育や時間が必要です。とても顧客全員に最高のおもてなしを提供できません。仮にできたとしても、莫大《ばくだい》なコストがかかることは明白です。

しかし、顧客の特徴や好みをデータ化して、それを活用したレコメンデーションなどのサービスをアプリなどで提供すれば、女将さんと同等のおもてなしが、簡単かつ低コストで実現できます。

デパートであれば、アプリを通じて、顧客が欲しいと思う商品をＡＩがレコメンデーションし、それがどの階に置かれているのか、目的とするショップまで行くにはどうしたらいいのかなどを一人ひとりに案内することもできます。

リアル店舗も、データを収集して分析し、「おもてなし」に活かせるかどうかが、生き残りのカギとなるのです。

これまでのように経営資源を人材育成に充《あ》てるのではなく、データの取得や分析が行なえるデータサイエンティストやアプリ開発を行なえるエンジニアの採用などにシフトすることも不可欠です。

人による「おもてなし」だけにこだわっていると、好立地の百貨店などは不動産業で延命できるかもしれませんが、いずれはデジタルを活用した企業に取って代わられてしまうでしょう。

❖レコメンデーションの二つのポイント

レコメンデーションを行なう際には、二つのポイントがあります。

一つ目は、因果関係の解明は必ずしも必要ないということです。

例えばですが、もし、「ビールを購入する男性客の多くは子ども用のおむつを一緒に買う傾向が強い」とわかったら、理由はどうであれ、ビールを購入する男性客に子ども用のおむつをレコメンデーションすればいいのです。因果関係は、子育てをしている家庭の父親が、買い出しのついでにビールを買っているわけですが、この因果関係がわからなくてもレコメンデーション自体は実行でき、売上や顧客満足度のアップにつながります。

もう一つのポイントは、少しでも業績がアップするとわかったら、レコメンデーションをすることです。

マスに対するレコメンデーション、つまり広告は、特にリアルの場での広告の場合、それなりのリターンが見込めないと実施できませんでした。しかし、オンラインで顧客一人ひとりに対して行なうレコメンデーションは、わずかでも購買確率が上がるとわかったら、少額から、かつ、顧客にある程度合わせてカスタマイズしたもので、実施することができます。

このような、従来のマーケティングの考え方からのシフトも必要です。

❖日本の小売業者はデータを活用できていない

データをしっかりと取得し、レコメンデーションに十分に活用している国内の小売業者は、後述する数社を除き、ほとんど見られません。国内の大手ＥＣ事業者も、できている企業はそこまで多くはありません。

コンビニエンスストアなど、一部の事業者はレジからデータを取得しているようですが、「おもてなし」と直結していない場合が大半です。在庫や仕入れの管理、キャンペーンに使うためのデータが多いようです。このようなデータの使い方は、あくまで既存のビジネスの効率化のための取り組みにすぎません。

データをすぐに使えるようにする体制も重要です。例えば、お客様が買い物かごに商品を入れた瞬間に、アプリの画面で、ついでに買いたいような好みの商品をレコメンデーションする、といったスピード感です。

本部が一度データを吸い上げてから、分析して、活用する、というようなフローでは、顧客に最適なスピードについていけません。

❖多様なデータが集まるコンビニはビジネスチャンスの宝庫

コンビニエンスストアは、データをレコメンデーションに活用すれば、ビジネスチャンスの宝庫になります。

コンビニエンスストアは、以前は単に商品を仕入れて販売するだけの小売業でしたが、今では銀行のATMもあれば宅配便も取り扱い、雑誌・書籍や店内で作った惣菜から生鮮食品まで、商品やサービスが多岐《たき》にわたっています。利用者にとって、生活になくてはならない存在です。

つまり、コンビニエンスストアは、多様なデータが結集する場なのです。そのデータを、ぜひともレコメンデーションに活かすべきです。

初歩的なデータ活用法としては、もし「チョコパンを購入した人は飲むヨーグルトを購入する割合が高い」とわかれば、チョコパンを購入した顧客のアプリで飲むヨーグルトをレコメンデーションしたり、支払い時にレジ前のモニターでレコメンデーションしたりする、といったことが考えられます。

キャンペーンや他のサービスとの連携も可能です。

例えば、メルカリを利用している顧客が購入する傾向が強い商品がわかれば、その商品を購入している顧客にメルカリの利用をレコメンデーションし、実際にメルカリのアプリがインストールされたら、メルカリからフィーをもらう、というようなことです。

メルカリのアプリをインストールすれば商品の代金を一定金額まで10％オフにする、というようなキャンペーンを並行して実施することも考えられます。

保険商品を案内するような、コンサルティングサービスの提供も可能でしょう。

常連客は特定の従業員の顔を覚えている場合が多く、知らない従業員よりは馴染《なじ》みの従業員にレジを打ってもらいたいものです。この顧客心理をサービスにつなげることもできます。

具体的には、特定の従業員から決済していることが多い顧客に、その従業員を担当としてつけるのです。顧客は当然喜びますし、顧客と良好なコミュニケーションを取っている従業員にインセンティブを支給することで、従業員の満足度も高まります。

しかし、先述したように、アマゾンなどのEC事業者と比べると、コンビニエンスストアの個人データの取得や活用は大きく遅れています。テクノロジーのビジネスへの応用の知識、特に経営層のいっそうの理解が必要です。

現在の大手コンビニエンスストアの状況を見ると、経営者としては、行動力があったり、カリスマ性を持っていたりと、優秀な方が多いですが、テクノロジーという観点から見ると、まだまだできることが多いように見えます。誤解を恐れずに言えば、これまで成功してきたビジネスの手法に囚われてしまっているようにも見えます。私が常々指摘している、「イノベーションのジレンマ」にはまっているのです。旧態依然としたマインドをアンラーニング（脱学習）したり、テクノロジーを取り込みやすい体制に刷新《さっしん》したりしない限り、宝の山であるコンビニエンスストアのデータの活用はすぐには加速しないでしょう。

このままの状態が続くようであれば、コンビニエンスストアはアジアでも展開していますから、データ活用に強い中国が先述したようなサービスを展開し、日本に逆上陸して市場を席巻《せっけん》するかもしれません。そのような厳しい未来も十分考えられます。

❖楽天はモバイル事業参入、ヤフーはPayPayでデータ収集に本腰

データを解析するデータサイエンティストや、レコメンデーションを行なうためのＡＩ

を開発できるエンジニアが少ないのも、日本の小売業界でデータ活用が遅れている理由の一つです。

アマゾンも、もとは単なるEC事業者でしたが、AWSというクラウドサービスを開発したことでテクノロジー企業に変貌《へんぼう》しました。現在ではECよりもクラウドサービス、つまりテクノロジー領域での利益が多くなっています。

データの分析や活用はもちろん、アレクサ（Alexa）という自前のAIエンジンも開発しており、AIに強いエンジニアを多く抱えています。その結果、ECにおいても肌理細《きめこま》やかで精緻《せいち》な分析ができ、最適なサービスを提供できています。

一方で、日本のEC大手である楽天グループやヤフーは、データはある程度持っているのですが、それを料理する「包丁」である自前のAIの開発が急務です。

楽天のECは、すべてのショップを自社で管理するアマゾンのようなプラットフォームとは異なり、いわゆるモール型です。楽天が提供するのはあくまで場だけであり、売上や在庫などのデータの管理は、当初は、モールに出店している各事業者が行なうというスタンスでした。楽天カードの購買データは取得できるとはいえ、購入した商品などの詳細なデータは得ることができなかったため、アマゾンのような精緻なレコメンデーションができずにいたのです。

ただし楽天は、最近はデータを積極的に活用していこうという姿勢が見られます。モバイル事業に参入したのは、まさにその証《あかし》と言えるでしょう。世界初となる、完全仮想化クラウド型のモバイルネットワークの構築がポイントです。クラウドを使うことで、従来のキャリアとは異なり、多くの個人データを安価に取得することが可能になります。

そして注目すべきは、モバイル事業への参入において、インドのコングロマリット企業、リライアンス・インダストリーズ、ならびに同グループ傘下《さんか》の通信会社、リライアンス・ジオ・インフォコムの取り組みを参考にしていることです。

彼らのビジネスモデルは、モバイルから得たデータを、ECをはじめとする関連ビジネスに展開していくというものです。同じように多様なサービスを展開している楽天にとって大いに参考になるでしょう。

同グループから優秀なエンジニアも招いているようですので、今後の動向に注目しています。

楽天モバイルが安価で充実したサービスを設定しているのは、モバイル事業自体で収益を上げることよりも、データ活用のエコシステムを作ることが主目的だからでしょう。

一方、ヤフーは、楽天とは異なるアプローチでデータの取得を進めています。それが、

ＰａｙＰａｙです。ＰａｙＰａｙで得た決済データから、個々の顧客に最適なレコメンデーションを、グループ企業となったＬＩＮＥなどを通して行なっていくと、私は見ています。

楽天やヤフーのように資金が豊富というわけではなく、エンジニアやプラットフォームなども持っていない企業にとっては、これからデータを収集し、活用する体制を整備しようとしたところで、時間もコストもかかります。そうした小売業者は、生き残るために、先進的なテクノロジーベンチャーと手を組むか、買収を通じて、テクノロジーやシステムを取り入れていくことが必要でしょう。

日本企業はデータ活用が遅れているという話をしてきましたが、データの集積自体は最先端だった時期があります。

日本人には馴染み深いポイントカードは世界的に見ると稀《まれ》なサービスですし、交通系ＩＣカードはソニーが開発したもので、１９９７年に香港で初めて採用され、日本で採用された２０００年代前半頃は世界でも最先端の情報が集まっていました。

しかし、このデータを交通以外のサービスに使うというアイデアはなかなか実現しませんでした。せっかくの技術を現在の本業以外に使えないか考える機会が少なかったのです。

ＱＲコードは、トヨタ系列のデンソーによって、部品生産の効率化のために作られたのですが、一般的な決済用途での活用は、のちに中国から普及しました。それと似ています。ポイントカードも、カードだけでなく、デジタル化することによって、データの活用が進むはずだったのですが、加盟企業全社の了承がなければデータを活用することが難しいことや、消費者のプライバシーに関する風評被害、個人情報保護法（今は改正されています）に関する懸念《けねん》、データを貯蔵するクラウドや解析するＡＩなどの技術がなかったことから、先端のテクノロジー企業に比べてデータ活用が進んでいませんでした。米国よりもデータが多くあった時期があったのですが、活用できておらず、もったいない状態だったのです。

❖良品計画とヨドバシカメラはデータ活用に成功している

国内の小売事業者で参考になるのが、「無印良品」を展開する良品計画です。

同社は、食品、筆記用具、アパレル、住宅、インテリア、最近ではホテル運営など、生活に関するありとあらゆる商品やサービスを扱っています。そして、「MUJI passport」というアプリを使って、オンラインとオフラインの融合、ハイブリッド化をうまく進めています。

例えば、インテリアの相談予約もアプリから簡便に申し込むことができます。アプリで購入した商品を、最寄りの店舗に配送してもらって受け取ることも可能です。

ウォルマートと同じく、顧客が「あったらいいな」「あると便利だな」と思うサービスを、オンラインとオフラインの壁を気にすることなく展開していくという、明確なビジョンや戦略が伝わってきます。

アプリを立ち上げるとトップに表示される「from MUJI」にレコメンデーションされている商品は、これまでの閲覧履歴や決済データをもとにしていると思われ、データの活用も進んでいます。

さらに、各商品に「いいね」ボタンがあり、「いいね」された回数やこれまでの売上を新たな商品開発につなげていることも推測できます。つまり、データを新商品の開発にもつなげているのです。

単にポイントを貯めるだけでなく、ポイントを獲得するにつれて顧客のステージがアップしていく、ロイヤリティの向上につながる仕組みも素晴らしいと思います。

多くの日本企業でデータ活用が進んでいない中、なぜ良品計画はできているのか。

多くの情報を開示していないため、あくまで推測ですが、トップも含めた会社全体のトレンドに対する感度が高いからではないでしょうか。

海外志向も強く、米国や中国などでも積極的に出店していますから、海外で得たトレンドやデータをいち早く分析し、日本人にマッチしたサービスとして提供することもできるのでしょう。そして、そのようなサービスを開発・実装できる体制も、外注に頼り切らずに、できていると思われます。

同じように、多くの情報を開示していませんが、データ活用やオンラインとオフラインの融合をうまく進めている企業に、ヨドバシカメラがあります。

ＥＣで購入した商品の無料配送や店舗での受け取りといったこともそうですが、特筆するべきは、東京23区内と一部の該当エリアであれば、注文したその日に送料無料で商品が届く「ヨドバシエクストリーム」というサービスです。これが理由で、アマゾンよりもヨドバシカメラをよく利用する人も多いと聞きます。

アマゾンへの対抗策だとは思いますが、いくらアイデアがあったとしても、優秀なエンジニアや配送スキームが整備されていなければ実現できないサービスです。

❖絶対王者アマゾンを脅かす「D2C」支援サービス

ECにおいて絶対王者の存在感を放つアマゾンですが、今後のトレンドを鑑《かんが》みると、安泰なポジションにあるとは決して言えません。小売事業者を通すことなく、メーカーが直接エンドユーザーに商品を販売する「D2C(Direct to Consumer)」の動きがあるからです。同じことが楽天やヤフーにも言えます。

本来であれば、エンドユーザーがメーカーから直接商品を買うことが望ましいことは言うまでもありません。中間マージンが上乗せされることがありませんし、カスタマーサポートも含めた各種のやり取りがダイレクトでスムーズだからです。実際、アップルはほとんどの製品で、自社のECサイトや店舗から直接エンドユーザーに販売する形態を取っています。

一方で、資本の乏《とぼ》しいメーカーがリアル店舗を持ち、営業することは難しい。オンライン上に自社のECサイトを展開して直販する場合でも、その制作費用はもちろん、決済システムの構築など、越えるべきハードルはいくつもありました。そのため、手軽な手数料で利用できるアマゾンや楽天といった大手ＥＣプラットフォームを利用していたわけです。

しかし、このような状況を打破するサービスを提供するベンチャー企業が現れました。

誰でも手軽に安価でＥＣサイトを作成・運営できるプラットフォームを提供する、ショッピファイ(Shopify)やＢＡＳＥなどです。決済においても、ストライプ(Stripe)というベンチャー企業が、プログラミングの高度な知識がなくても数行のコードで行なえる仕組みを開発し、提供しています。

ショッピファイは「アマゾンキラー」とも呼ばれています。

「食べチョク」などの産地直送ビジネスが隆盛していることからも、今後もＤ２Ｃが小売業界の中で存在感を持つことは間違いないでしょう。

第2章

自動車

日本を支える産業は「破壊」を免れるか？

「CES 2020」でソニーが発表した自動運転EV試作車「VISION-S」
（写真：ロイター／アフロ）

❖業界の壁を越えて、さまざまな企業が続々参入する

自動車業界においては、EVがよりいっそう普及するでしょう。各国政府もEV化を進める動きを見せています。

EVは走行中の二酸化炭素排出量がゼロなので、使用する電気そのものが環境に配慮したものであれば、地球環境、特に最近注目されている地球温暖化への対策の観点から、そうなるべきだと私も考えています。

充電ステーションの設置費用もポイントです。平均数十万円程度で、水素ステーションの約5億円、ガソリンスタンドの約5000万円よりもはるかに安価です。

従来の内燃機関のエンジンに比べ、技術的な面や部品点数が少ない点などから、開発や製造が簡単なことも、EVが普及すると考える理由の一つです。エンジン車では約3万点必要とされる部品が、EVでは約2万点と、3分の2に減少します。

そのため、ベンチャー企業も含め、既存の自動車メーカー以外の企業も続々とEVを開発しています。まさに、「はじめに」で挙げたメガトレンドの一つである「業界の壁を越える」

が起こっているのです。

ＥＣの覇者、アマゾンも、そのうちの1社です。２０１９年にリヴィアン（Rivian）というベンチャー企業に配送用のＥＶを10万台発注しており、その開発を共同で行なって、すでにカリフォルニアでは実際に試験利用を始めています。さらに、２０２０年、自動運転のベンチャー企業、ズークス（Zoox）を買収し、自動運転のＥＶの開発に乗り出しました。

中国では、もともと電池メーカーであったＢＹＤ（比亜迪）などがＥＶを開発しています。ＢＹＤは、一時期、世界のＥＶ市場で売上トップになりました。

日本のソニーも動いています。ハイクオリティなカメラセンサーシステムを搭載した「ＶＩＳＩＯＮ－Ｓ」というＥＶを、２０２０年に開催された世界最大規模の家電・ＩＴの見本市「ＣＥＳ　２０２０」で発表しました。縁があり、発表直後のＶＩＳＩＯＮ－Ｓの座席に座らせてもらいましたが、ソニーらしい音響や映像の設備が実装されていました。

１年後の「ＣＥＳ　２０２１」では公道を走る様子が公開されるなど、進化を遂げていることがわかります。

ＶＩＳＩＯＮ－Ｓはコンセプトカー、プロトタイプモデルであり、市販の予定はないとソニーは発言していますが、アップルなどもＥＶを開発していると言われる中、可能性はゼロとは言えないでしょう。

❖EVの価格は従来の自動車の半額以下に

部品点数が大幅に減り、エンジン開発には必要だった匠《たくみ》の技も必要なくなることで、EVの価格はエンジン車よりも大幅に下がっていきます。現在の自動車の半額以下になるでしょう。

実際、中国では上汽通用五菱汽車が2020年に50万円ほどのEV「宏光MINI EV」を発売しています。トヨタ自動車も、同年に「シーポッド」という超小型EVを165万円で発売しました。

高級EVという印象が強かったテスラでさえ、2021年に、それまで500万円ほどしていた「モデル3(Model 3)」を430万円ほどに値下げしました。2023年を目処《めど》に、さらに廉価《れんか》な260万円ほどのモデルを発売するともアナウンスしています。

このようなトレンドから、EVの価格帯は高価なモデルと廉価版に二極化していくと、私は見ています。携帯電話がiPhoneなどの高価なモデルと廉価なスマートフォンに二極化したのと同じ構図です。

❖自動運転の「データを制するもの」はアマゾンやテスラ

自動運転の広がりも、さらに加速します。主導するのは既存の自動車メーカーではありません。グーグル、アマゾン、テスラ、アップル、ＧＭクルーズといったテクノロジー企業です。

自動運転では、膨大なデータを収集・分析し、最適なアルゴリズムをいかに生み出すかがポイントです。これは、ＡＩの技術開発そのものと言えます。そのため、ＡＩで圧倒的な強みを持ち、すでに膨大なデータを収集できるプラットフォームを持っているアマゾンなどに対し、既存の自動車メーカーは、アルゴリズムの部分では分《ぶ》が悪い。テスラも、すでに販売している車両から送られてくるリアルデータをもとに、次々と自動運転のアルゴリズムをブラッシュアップしています。

言い方を変えると、後追いの自動車メーカーがアマゾンやテスラなどに追いつくには、相当に力を入れなければならない。両者の自動運転の精度を比べてみれば、その違いは歴然です。

ちなみに、テスラの時価総額は２０２１年４月１日時点で約70兆円と、それまでの１年間で約７倍になりました。日本の自動車メーカーよりはるかに上ですし、日本の主要な自動車メーカーの時価総額を足してもおよばないほどにまで成長しています。

アマゾンも、先述したリヴィアンと共同開発したＥＶを自社の配送で走らせ始めています。特筆するべきは、ルート探索などにアレクサを利用していることです。車両からデータを取得するだけでなく、ＡＩを現場で実際に使い、さらなるクオリティの向上を目指しているのです。

アマゾンは、自社の倉庫内の移動においては、おそらくすでに自動運転を活用していると思われますから、さらに多くの、自動運転を進化させるデータや知見を得ているはずです。

以前から正式な発表が期待されているアップルのＥＶ、アップルカーにも、自動運転が搭載されるでしょう。カリフォルニア州では、自動運転の実験を行なう際、ライセンスの取得が義務化されていて、アップルはその取得数の上位に入っているからです。

国の主導によって、リスクを恐れずに次々とチャレンジすることができる環境が整っている中国では、自動運転の規制緩和が米国よりもさらに進んでいます。２０２１年１月からは、中国のベンチャー企業、オートX（AutoX）の自動運転技術を搭載した無人タクシーが深圳《しんせん》の公道を走っています。完全自動運転の一歩手前、レベル4の自動運転です。

❖日本の自動車メーカーはテクノロジー企業の自動運転AIを搭載する

自動運転の技術開発は、パソコンやスマートフォンのOSに似ています。自動運転AIというOSを握《にぎ》られたら、他の自動車メーカーはそれに従うしかありません。

例えば、ブランドはアップルカーだけれども、自動運転AIはアマゾン、といったことが起こるでしょう。もしそうなれば、アップルはアマゾンにそれなりの利用料を支払うことになります。

そのため、今まさに、各社が自動運転AIの開発で鎬《しのぎ》を削っているのです。

自動運転AIの開発で必要なのは、繰り返しになりますが、圧倒的なデータと、それを処理するアルゴリズムです。そして、クラウドも欠かせません。現時点では、テスラ、グーグル、アマゾン、GMクルーズが4強となっていますが、いずれは自社でクラウドを持つアマゾンやグーグルを中心に連合が形成され、iPhoneとアンドロイドで携帯のOS

が二分されたように、激しい競争になると、私は予測しています。

その結果、他の自動車メーカーの多くが、テクノロジー企業の自動運転ＡＩを搭載するようになるでしょう。

もちろん、日本の自動車メーカーも例外ではありません。

❖ロボタクシーが一般化し、自家用車が売れなくなる

自動運転技術がレベルアップし、自動運転車が普及すると、自家用車が売れなくなります。先述のように深圳ではすでに走っていますが、自動運転の「ロボタクシー」が一般化し、安い運賃で便利に使えるようになるからです。

人間のドライバーが乗客を乗せるタクシーの場合、運賃の約７割が人件費だと言われています。ということは、ロボットが自動でタクシーを運転すれば、この人件費が削減されて、これまで７００円ほどしていた初乗り運賃が２００円ほどにまで下がります。

スマホアプリで簡便に車両を呼べ、決済ももちろんアプリ内で完結。ドライバーがいないことで圧倒的に運用コストが下がり、運賃は格安。そうなれば、多くの人は自家用車を

持たず、ロボタクシーを使うようになるでしょう。

特に最近は、車は移動するだけのツールだという感覚を持つ若者の車離れが進んでいますから、ロボタクシーが普及すれば、さらに自家用車が売れなくなることは十分考えられます。

いずれは、新車の販売台数が現在の半分以下に減少するでしょう。自動車メーカーの車体での売上は大幅に減少します。車を売る企業から、サービスを含めたモビリティを提供する企業に生まれ変わらなければならないのです。

もちろん、フェラーリなどの高級スポーツカーや年代もののクラシックカーのファン、運転という行為そのものが好きな人たちもいますから、車を購入する人がゼロになるとは思いません。ただし、これまでの移動のための手段、ツールという意味合いではなく、あくまで趣味嗜好《しこう》の対象に変わっていきます。こうした人たちはロボタクシーを利用する人たちと比べ、かなり少数です。

このようなトレンドのシフトは、これまでも多くありました。例えば、ガラケーからスマートフォンへのシフトです。

スマートフォンが登場する前、日本では電機メーカーがこぞってガラケーを開発・販売していました。しかし、圧倒的に便利なスマートフォンが登場すると、ガラケーは次第に姿を消し、現在でも利用しているのは、ごくわずかなユーザーに限られています。

コンピュータ業界では、いわゆるスーパーコンピュータ、メインフレームからクラウドにシフトしたのも同じで、ＩＢＭからグーグルやアマゾンに主役が変わりました。

このような動きが、これからは自動車業界でも起こります。

❖プレミアムな体験を提供できないタクシードライバーは不要に

ロボタクシーの運用方法は、大きく二つに分かれます。

一つは、従来のタクシー会社が、アマゾンなどが開発したロボタクシーを買い取って運用する方法です。

もう一つは、個人が所有する自動運転車両を、持ち主が使用しないときにロボタクシーとして走らせる方法です。ある試算によれば、世の中にある自動車の95％がふだんは利用されておらず、車庫などに駐車されているそうです。この稼働していない時間に、自動運転技術を活用して、タクシーとして利用するのです。

あまり使っていない車両を有効活用できることも、ロボタクシーが今後広く普及していくと考えられる理由の一つです。

自動運転車両を開発している企業のほとんどは、ロボタクシー事業にも参入するでしょう。テスラは、自社で販売した車両と顧客という強いパイプを活用して、ロボタクシーの導入へとすでに動いています。

グーグルも、子会社のウェイモ（Waymo）を通じて、ロボタクシーへの参入を目論《もくろ》んでいます。実際、グーグルマップで予約できる自動運転車によるライドシェアサービスを展開しています。

ロボタクシーが普及すれば、当然、従来のタクシードライバーの業務は激減します。タクシー会社の従業員の仕事は、アプリ開発やトラブルのサポート、事務や車両のメンテナンスといった業務になるでしょう。職業は常に時代とともに変化します。

タクシードライバーだけではありません、一時期、タクシー業界を席巻したウーバー（Uber）も、ロボタクシーが台頭してくれば淘汰されます。ウーバーが、「ウーバーイーツ（Uber Eats）」など、タクシー以外の事業にシフトしているのは、それを見据えてのことでしょう。ウーバーも自動運転技術の開発に取り組んでいましたが、すでに開発部門を売却しています。

ウーバーにとっての脅威はロボタクシーだけではありません。新型コロナウイルスの感染拡大も逆風になりました。誰が乗ったかわからない車両は危ない。まして、ウーバーのドライバーはタクシー会社のドライバーとは異なり一般人ですから、消毒の徹底が保証されていない。そう考える人たちが利用を控えたからです。ウーバーに限らず、シェアリングサービスは、新型コロナウイルスで相当打撃を受けています。

一方で、矛盾《むじゅん》するようですが、新型コロナウイルスの影響は、自動運転が広まる頃には、そこまで大きくなくなっているだろうとも感じています。清掃や消毒をきちんとすれば解決する問題だからです。自動消毒機能のようなサービスが出てくれば、同様の感染症の流行が起きたとしても、ロボタクシーは十分成長していくと私は見ています。

それでは、タクシードライバーは、どうすれば、ロボタクシーが普及した未来でも生き残ることができるのか。

私は、人が運転したりガイドをしたりするサービスが、逆にプレミアムな高級サービスとなり、単なる移動ではなく、ワンランク上の移動サービスを求める人たちに利用されると予測しています。ただし、単なる案内ではアレクサなどのＡＩでも十分できますから、人がする意義や意図、人がすることでしか得られない体験や上質なサービスを提供する必要があります。

ドライバーが不要になるのは、タクシーよりも、決まった路線を走るバスや鉄道のほうが早いかもしれません。

　ロボタクシーの普及は、保険業界にも大きな影響を与えます。一般のドライバーよりも高額である、プロのドライバーからの保険収入が、無人化することでゼロになり、自動運転向けの保険を作らなければなりません。加えて、自動運転による事故件数減少により、保険料金が値下がりしていくことも考えられます。

❖日本の自動車メーカーはテクノロジー企業と組むしかない

　ロボタクシーの広まりにより、自家用車の販売台数が現在の半分以下になる。車両価格も下がっていく。アマゾンなどのテクノロジー企業が参入してくる──。

　既存の自動車メーカーには厳しい状況が待っていることは間違いありません。

　はっきりと申し上げれば、このままの状況が続けば、現時点で大手と呼ばれている国内の自動車メーカーでも、淘汰される可能性があります。

　では、どのような対策を講じればよいのか。

参考になるのは、先ほど4強の一つとして名前を挙げたGMクルーズの親会社であるゼネラル・モーターズ(GM/General Motors)、ならびに、同社に出資している日本の自動車メーカーです。

GMはリーマンショックのときに倒産を経験しています。そのため、かなりの危機感を持っていたのでしょう。EVや自動運転が今後のトレンドになることをいち早く確信し、クルーズ(Cruise)という自動運転のベンチャー企業を2016年に買収しました。そして、「クルーズ・オリジン(Cruise Origin)」という車両を開発し、テクノロジー企業と激しい競争をしています。

このGMクルーズに出資している日本の自動車メーカーが、ホンダです。

おそらく、ホンダにも危機感があったのでしょう。そして、先に説明したとおり、自社だけでは自動運転技術の開発に限界があり、このまま単独で開発を続けていてもアマゾンやテスラには太刀打《たちう》ちできないことを感じ取ったのだと思います。

GMクルーズへは「アジュール(Azure)」というクラウドを持つマイクロソフトも出資や協業を表明していますから、クラウドが自動運転に必須であれば、アマゾン連合、グーグル連合、マイクロソフト+GMクルーズ連合と分かれ、ホンダはいち早くマイクロソフト＋ＧＭクルーズ連合を選んだことになります。

日本でも、ホンダとＧＭクルーズが共同で自動運転に関する技術やサービスの開発を積極的に展開していくことが、２０２１年の年明けにプレスリリースされました。

ホンダがＧＭクルーズと組んだように、この先、国内の自動車メーカーは、自動運転技術で先行しているアマゾンなどのテクノロジー企業と資本提携や買収などで組むか、独自に技術を開発していくしか生き残る道はありません。言い方を変えると、従来どおり車体の開発は行なうけれども、自動運転やＥＶのテクノロジーはテクノロジー企業のものを採用する自動車メーカーが出てくるのです。まさに今のスマートフォンと同じ構造です。

米国のテクノロジー企業よりも、自動運転の規制緩和をしている中国の企業と組んだほうがいいのでは、という意見の方もいます。確かに、中国にはアリババクラウドや柔軟な開発環境がありますが、米国政府とのバランスを取らなければなりません。

協業するのか、それとも下請けになるのか。いずれせよ、すでに先行しているテクノロジー企業とのいち早い提携は必要です。いいところほど、早めに他の自動車メーカーやテクノロジー企業が目をつけているわけですから。

選ぶ立場と言うよりは選ばれる立場として、どのようなモビリティのビジョンを持っているかを、社長同士で、英語で激論できなければなりません。

❖必要なのは具体的なアクションと強い意思

エンジン車がまだ主流の現在では、エンジンなど、ハードウエアの開発に強みを持つ日本の自動車メーカーは、世界的に高いプレゼンスを示しています。しかし、これからのトレンドであるEVが台頭してくると、このような日本の自動車メーカーの強みは発揮できなくなることが目に見えています。

それにもかかわらず、これは自動車メーカーに限らず日本の老舗《しにせ》メーカー全般に言えることですが、ハードウエア思想が強すぎます。会社の意思決定をする重要な役割を果たす取締役会の中で、何人がソフトウエアやAIのビジネスを理解しているでしょうか。

そのため、最新の技術やトレンドが出てきても、それをいち早くキャッチアップし、GMが行なったようなベンチャー企業の買収などのアクションをとることができません。そうこうしているうちに、気づけばアマゾンなどのテクノロジー企業に自動運転AIの覇権をとられる寸前までの状態になっている。これが現状です。

ふだんから最新技術に対するアンテナを立ててはいるのでしょうが、見つけたテクノロジーやトレンドのシーズ（種）に対して投資したり買収したりといったアクションが、日本企業は非常に弱いと感じています。

自分たちにない技術やトレンドを手に入れるためには、買収や、それを目的とするCVC（コーポレートベンチャーキャピタル）が適していることを理解し、今からでも構わないので、積極的に気になる技術や企業に投資するべきです。実際、あれだけの優秀なエンジニアや研究者を抱えるグーグルでさえ、いまだにアンテナを立て続け、多くのベンチャーに投資をし、月に1社以上の買収を続けています。

トップの強い意思も重要です。

おそらく、GMがクルーズを買収した際にも、上層部は猛反発したと思われます。「よくわからない、売上（利益ではありません）がほぼゼロのベンチャー企業に約1000億円も投資するなどばかげている」といった反発です。しかし、GMの立て直しを任されたメアリー・バーラCEOが強く主張し、押し通したのでしょう。このような、リーダーの強く明確な意思が、国内の自動車メーカーにも必要です。

❖ワクワクするデザインを取り戻せ

ＥＶと言うと、どうしても「エコな製品」というイメージが先行しがちです。そのため か、率直に言って、日本の自動車メーカーが開発するＥＶは、デザインがかっこよさを追求したものではないという印象を持っています。エコなのだから、かっこよさで売るわけではない、ということなのでしょう。

しかしテスラは、ＥＶですが、デザインのクオリティが非常に高い。それが販売台数を伸ばした大きな要因の一つになっています。

概要が明らかにされていないアップルカーに多くの消費者が期待しているのは、ｉＰｏｄやＭａｃＢｏｏｋ、ｉＰａｄやｉＰｈｏｎｅといったモバイル端末、さらには「アップルカード(Apple Card)」など、魅力的なデザインの製品を多く出してきたアップルなのだから、間違いなくかっこいい車に違いないと思えるからでしょう。

デザインに限らず、消費者がワクワクする、期待する製品を開発することを、日本の自動車メーカーは改めて見直すべきだと思います。

ひと昔前の日本の車には、日産の「ＧＴ－Ｒ」など、多くの人が欲しがる、見ていてワクワクするようなものが多くありました。仮にＥＶでなくても、世界の多くの人たちが欲しがるデザインを持っていれば、テクノロジー企業と組む際の交渉のよき材料となることは十分考えられます。

❖日本の家電メーカーにとってＥＶの普及はチャンス

もう一つ申し上げておきたいのは、国内の家電メーカーはＥＶ市場に積極的に参入するべきだということです。ＥＶ用の電池で実績のあるパナソニックなどは、十分にその技術があるでしょう。

自動運転が当たり前になれば、モビリティの魅力は、運転ではなく、移動中にいかに快適に過ごせるかがポイントになってきますから、家電メーカーの強みを発揮できます。

これまでは、日本の産業の頂点に自動車メーカーが君臨し、そこからピラミッド構造で他の産業が連なっていましたから、多くの家電メーカーや斬新な技術を持つ企業は、自動車メーカーに配慮しているのかもしれません。あるいは、自動車メーカーの業績がよければ、そこに納品する自社も安泰だと思っているのかもしれません。

しかし、テスラやアマゾンの時価総額を見ればわかるように、世界のトップ企業から見れば、日本の企業は存在感が薄くなってきています。金額だけで言えば、ＧＡＦＡは日本の自動車メーカーを買収することだって可能です。

このような、世界では当たり前のトレンドや感覚に、日本のメーカーはきちんと向き合い、思考を変える必要があります。

第3章

ヘルスケア・保険

日本人のバイタルデータはGAFAに奪われてしまうのか？

アップルウォッチ（写真：アフロディーテ／田中庸介（A）／アフロ）

❖ヘルスケアの「データを制するもの」はGAFAとマイクロソフト

ヘルスケア業界において「データを制するもの」は、GAFAと、もう一つ有力なのがマイクロソフトです。

アップルは「アップルウォッチ（Apple Watch）」、アマゾンは「ヘイロー（Halo）」というウェアラブル端末を通じて、歩数や心拍数など、ユーザーのバイタル（生体）データを取得しています。アップルは、今年の開発者会議で、iPhone単体でも、転倒予測検知ができたり、病院で医師に安全に健康情報を共有したりできる仕組みを発表しています。

グーグルも、2021年1月に買収を完了した「フィットビット（Fitbit）」によって、バイタルデータを得ることができるようになりました。

フェイスブックも同様のウェアラブル端末を開発中です。

今後、収集したバイタルデータを活用したサービスが次々と生まれていくでしょう。すでに提供されているサービスでは、睡眠、アクティビティ、体脂肪などの情報を利用者に伝えることで、健康への意識を高めるものがあります。

このようなバイタルデータの取得は、技術革新によって、さらに進みます。これまでは血液を採取しなければ取得できなかった血糖値などのデータも、注射器を使うことなく、スマートウォッチのようなウェアラブルデバイスから得ることができるようになるでしょう。

個人からデータを取得し、健康に活用しようというトレンドは、以前にもありました。グーグルは、今から10年以上も前に、「グーグルヘルス（Google Health）」というサービスを開始しています。しかし、数年で停止しました。

理由は、現在のウェアラブル端末のように、得たデータを自動でアプリに転送することができなかったからです。当時はスマートフォンがありませんでしたから、データは本人がパソコンなどから入力するしかありませんでした。この手間を多くの人が好まなかったため、サービスが浸透することがなかったのです。

しかし、テクノロジーがそうした手間を排除し、改めてバイタルデータが重要なトレンドになっています。

さらにＧＡＦＡは、病院が持っているデータにも関心を持っているはずです。新たなサービスを生み出す宝の山なのに、病院にはそれを活かすデータサイエンティストが少なく、ＡＩの技術もないからです。

ここにはマイクロソフトも目を向けていて、ニュアンス（Nuance）という音声認識の企業を約2兆円で買収し、医師と患者の会話から自動的にカルテを作成するなど、医療従事者の活動をなるべく負担なくデジタル化しようとしています。そのデータの行き先は、おそらく、アジュールというマイクロソフトのクラウドです。

プライバシーやセキュリティの問題があるので、病院はデータの管理を外部に委託することを基本的に好みません。しかし今後は、データの活用のメリットを訴え、GAFAなどのテクノロジー企業が病院のデータも管理するようになるでしょう。マイクロソフトは、グーグルやアップルに比べ、米国議会でプライバシーの問題では注目されていないので、この分野に積極的です。消費者にとっては便利になるメリットが多いでしょう。

実は日本は、病院のデータの活用において、ひと昔前は世界で最も先端を走っている国でした。電子カルテやEHR（エレクトロニック・ヘルス・レコード）をいち早く導入していたのです。

しかし、問題がありました。電子カルテのシステムを開発していた各メーカーが規格を独自に定めていたため、病院間でデータを連携できなかったのです。その結果、データの利活用が進みませんでした。

この反省を踏まえて、今後は、国や業界団体などが主導して統一規格を定めたり、クラウドを活用したりする必要があります。実際、米国でも、オバマ元大統領の政策以降、そのようにして、データの利活用を進めています。

❖バイタルデータをもとにGAFAが保険業界に進出する

ウェアラブル端末からバイタルデータを簡便に取得できるようになると、大きく変わる業界があります。保険業界です。

これまでの保険業界は、保険会社と加入者との間に情報の乖離が大きくある、「情報の非対称性」を代表するような業界でした。

例えば、ある人が保険に加入しようと思ったとします。まったく初めての加入者の場合、保険会社はその人に関する情報をほぼ持っていません。そこで、情報の非対称性を埋めようと、保険会社はさまざまな情報の提示を求めます。医療機関による診断書をはじめ、本人に対して喫煙や飲酒の有無や期間、本人だけでなく家族も含めた病歴などを事細かに聞いていきます。しかし、このようなデータはあくまで本人の記憶によるものですし、ある時点でのスナップショットとも言えるデータです。ウェアラブル端末から得られる、着けている間に流れ続ける連続的なデータと比べると、精度が低いことが多い。これでは、その個人に本当に最適な保険料が設定できません。

そこで保険会社は、少し余裕を持って、高めに保険料を設定します。言ってみれば、バッファを設けているのです。設けざるを得ない、とも言えるでしょう。

保険会社にとっては保険料が高ければ利益が高まるのでいいかもしれませんが、加入者にとっては問題です。

このようなアンフェアな関係が、ウェアラブル端末による正確なバイタルデータの取得によって解消されます。

モラルハザード（倫理の欠如）の解消にも貢献します。

保険に加入している人であればわかると思いますが、加入した時点で「保険に加入しているから何かあっても大丈夫だろう」という気持ちになり、健康にあまり気を使わなくなる傾向があります。その結果、気をつけている場合に比べて病気に罹患《りかん》する加入者が増え、不必要に保険会社の負担が増えるのです。

ウェアラブル端末によってリアルタイムのバイタルデータが取得できれば、保険加入前はもちろん、加入後も、加入者が定期的に運動をしているかどうかなどを把握できます。運動を継続的に行ない、健康をキープしている加入者は保険料を安くする、というようなサービスを打ち出すことによって、加入者の健康を促進することもできます。

保険会社は保険金の支払いを抑えられ、加入者は保険料が安くなり、健康にもなる。どちらにとっても得です。

ビジネスというものは、本来、関わる人すべてが幸せになることが目的ですから、データの活用がいっそう進めば、本来あるべきビジネスの姿にシフトしていくことになります。現時点でも、GAFAのうち、すでにアマゾンなどが保険業界への参入を正式にアナウンスしています。

まだアナウンスしていないアップルも、虎視眈々《こしたんたん》と狙っていると私は見ています。仮にアップルが参入したら、自社の保険を一人でも多くのユーザーに広めるために、アップルウォッチを無料でプレゼントするプロモーションを展開するかもしれません。その次の段階として、「体重が○キロ減ったら、保険料が○円安くなる」「アップル ミュージック（Apple Music）が今月は無料になる」といったサービスを展開していくと予測しています。

日本では、特にヘルスケア領域のデータは、プライバシーの保護などを考慮して、まだまだ扱うことを躊躇《ためら》うケースが多いのですが、そうこうしている間に、GAFAという「黒船」は着々と自国で実証経験を積み重ね、一人ひとりの加入者に最適な保険サービスを構築するノウハウを確立するでしょう。日本企業が立ち向かおうとしたときには、時すでに遅し。これまで繰り返されてきた歴史が、保険業界でも起こることを私は危惧《きぐ》しています。

❖「アマゾンケア」に日本の保険会社が対抗するには？

アマゾンは、投資事業や保険事業を手がけるバークシャー・ハサウェイと、JPモルガン・チェース銀行との合弁で、ヘルスケアサービスを手がけるヘイブン（Haven）という会社を2018年に立ち上げ、「アマゾンケア（Amazon Care）」という保険・医療サービスを開始しました。設立時点では、3社の従業員ならびにその家族、約120万人を対象としたサービスで、その後の市場展開を見据えた、言わば身内での実証実験でした。

しかし、2021年1月、アマゾンは動きます。ヘイブンを解散して自社独自で、ワシントン州を皮切りに、夏までに米国全土でヘルスケアサービスを展開すると発表しました。

合弁解消の理由は明確にはされていませんが、2社に期待していたものが得られなかった、あるいは、十分なデータを得たということかもしれません。

いずれにせよ、これまでは内々だけで展開していたアマゾンのヘルスケアプログラムを一般の人も使えるようになりますから、保険会社やヘルスケア業界の企業は、アマゾンに対して警戒を強めています。

というのも、アマゾンケアが手がけるサービスは、保険に限らず、多岐にわたるからです。詳しくは後述しますが、簡単に説明すれば、スマートフォンだけであらゆる医療サービスを受けられるもので、リアルな医療サービスを提供するために、医師や看護師といった医療の専門家も迎え入れています。

アマゾンは「質の高い医療サービスをこれまでよりも安い価格で提供していく」と明言しています。当然ですが、これまで一般的な保険に入っていたアマゾンの従業員はもちろん、他の人たちも、同等の保障内容なら料金が安いほうに移るでしょうから、従来の保険会社は一気に顧客を失うことが予想できます。これから従来の保険会社が生き残るにはどうすればよいのか、真剣に考える必要があるでしょう。

解の一つは、GAFAが持つデータを利用させてもらうために協業することです。しかし、GAFAが保険会社と組むことは考えにくい。過去の歴史から見ても、彼らは突出した技術やサービスを持つベンチャーとは組みますが、既存の大手との協業は大成功にはなっていないからです。

彼らから見ると、既存の保険会社のアセットは魅力的に映りません。大勢の加入者を抱えているとはいえ、自分たちがよりよいサービスを提供すれば、GAFAのサービスのユーザー数のほうが圧倒的に多いですから、時間をかければ覆すことができます。

一方で、これまでのGAFA同士の争いを見ていると、どこか1社が抜け出すと、2番手、3番手の企業は他社と組む傾向にあります。ただし、アマゾンがヘイブンを解散したように、うまくいかなければ連合を解散される結末も予測されます。

❖独自にデータを収集し、アマゾンの先を行く「平安保険」

では、どうすればいいのか。

自分たちでデータの取得から新しい保険の設計まで手がけるしかありません。

その点では、中国の平安《ピンアン》保険が参考になります。

平安保険は、1988年に社員数13名でスタートしました。データを活用することで業績を伸ばし、現在では170万人以上のスタッフを抱えるまでに成長しています。

基本的には、アマゾンの保険サービスと同じく、日々の生活スタイルやバイタルデータを取得することで、従来の保険よりも安い金額で、同等、もしくはそれ以上の内容を保障する商品を提供しています。

2004年に上場を果たした後は、さらにテクノロジーを利活用し、業容を拡大。遠隔診療をはじめ、まさにアマゾンがこれから手がけていくような医療サービスも提供しています。

生命保険事業に留まることなく、健康保険、年金保険、損害保険といった各種保険サービスの他、銀行などの金融事業にも進出。現在は、銀行、投資、決済といった包括的な金融サービスを提供する巨大グループとして存在感を発揮しています。

GAFAと手を組むことなく、あくまで独立系の企業が、自社でデータの取得から活用までを内製化することで、ここまで成長したのです。

日本の企業にもチャンスがあるという証左《しょうさ》であり、手本になる企業だと言えます。

すでに動き出している生命保険会社もあります。住友生命保険です。

同社は2018年から、スマートフォンから収集した歩数のデータなどを活用した「V

itality」の提供をスタートしています。もともとは南アフリカで始まったプログラムです。

Vitalityでは、保険加入者は、健康状態や運動状況により、四つのステータスに分けられます。そして、ステータスに応じて保険料が上下します。運動することでメタボを解消し、健康になるとともに保険料が安くなるサービスであることを打ち出しています。

健康的な生活を意識している保険加入者は、一部でしょう。しかし、だからこそ、Vitalityのように、保険会社からのアクションで加入者を健康に導く保険サービスの構築が、これからの保険会社には求められます。

❖スマートフォンを活用した遠隔医療サービスも加速

スマートフォンによる遠隔医療サービスも、ヘルスケア業界におけるトレンドです。アマゾンケアは、まさにその代表格です。24時間365日、不調を感じたり、薬が欲しいと思ったりしたら、スマートフォンを開いて、画面の先にいる医師に相談できます。その場でオンライン診療を受けることもできますし、医師が不在であったとしても、チャットなどでも対応できます。薬の処方もでき、アマゾンのロジスティクスを活用することで、病院や薬局に行かないと手に入らなかった薬が、自宅に最短で配達されます。

コロナ禍の状況を考えても、世の中がまさに必要としているヘルスケアサービスを、テクノロジー企業であるアマゾンが先陣を切って行なっているのです。

当然、アップルやグーグルも追随するでしょう。そして、他のサービスと同様、いずれ日本にも進出してくることは間違いありません。

日本では、KDDIと提携した、創業者が東大医学部出身でありスタンフォードビジネススクール出身でもあるMICIN(マイシン)などのベンチャー企業が同様のサービスを提供して、遠隔医療サービスを牽引《けんいん》しています。

一方、大病院は、地域で患者を奪い合う可能性があることや、診療報酬に連動する、厚生労働省の定める保険点数が多くつかないからでしょうか、あまり取り組んでいません。

このままでは遠隔医療サービスでも、日本が遅れているうちに、アマゾンは米国で多くの経験を積んでサービスをブラッシュアップするでしょう。そして、日本に上陸するや、日本の同業者を一気に淘汰してしまう、という結果になる可能性があります。

❖日本の医療機器メーカーはデータ収集の入り口を多く持っている

ヘルスケア業界でもＧＡＦＡがデータを制し始めている状況ですが、日本の医療機器メーカーは、もともとデータを取得できているのに、データの活用先でビジネスモデルが構築できていないため、貯蔵できていません。ですので、急げば、これからデータを制することができる可能性があります。ハードウエアだけでなく、データマネジメントまで手がけるのです。

日本には、血圧も測れるリストバンドを世界でも早期に開発したオムロンや、血液解析でグローバルのシェアが高いシスメックスなど、データ収集の入り口となる医療機器を製造しているメーカーが多くあります。

ネックとなるのは、データを処理する仕組みです。もし世界最先端のＡＩと組み合わせることができたら、ヘルスケア、特に法人向けサービスにおいて、ＧＡＦＡのように世界を席巻する企業に成長できる可能性があります。

ダントツのシェアを持つ医療機器メーカーが、バイタルデータを取得せず、それを活かしたビジネスを構築しないのは、私に言わせれば非常にもったいない。しかし、日本企業、特に旧態依然としたビジネスモデルがあり、そのビジネスで利益を上げられている企業は、ビジネスモデルを5年に1回は見直すという感覚が乏しいのかもしれません。

ＧＡＦＡのような未来を制する企業は、いくら会社が大きくなり、屋台骨となる事業があったとしても、5年先、10年先に社会から必要とされるサービスを常に模索しています。だからこそ、常に世界のトップ企業として君臨し続けているのです。

おそらく、医療機器メーカーの社員たちも、データが重要だというトレンドは理解していると思います。一方で、プライバシー保護の観点などから、会社全体として大きく舵《かじ》を切れない。既存事業の売上にも注力しなければならず、そこにエース社員を投入し続けると、相対的に新規事業への力の入れ方が弱くなってしまう。まさに、「イノベーションのジレンマ」です。

しかし、いつまでもそのような状態でいると、繰り返しになりますが、ＧＡＦＡという「黒船」が一気にマーケットに進出し、シェアを取られてしまいます。

今すぐ、法人でのトップシェアをキープしているうちに、データを取得・分析して、それを活用した事業に着手すべきです。まさしく、スピード勝負です。

日本の医療機器メーカーがハードウエアの高い技術力を持っていることを、GAFAは当然チェックしています。買収などの計画が動いている可能性も十分あり得ます。あるいは、iPhoneのように、設計やソフトウエアはアップルが担い、ハードウエアはオムロンが製造するヘルスケア製品が登場する可能性も、十分あると思います。

GAFAと組んでも構いませんが、せっかく高い技術力とシェアを誇っているのですから、自社でデータ解析の技術も内製化し、世界を驚かせてほしいと願っています。

❖特許が切れた手術支援ロボット「ダ・ヴィンチ」。次に登場するロボットは？

医療機器では、手術支援ロボットの開発も続くでしょう。

1990年代に米国で開発された手術支援ロボット「ダ・ヴィンチ（da Vinci）」は、手術の際に体に開ける穴が小さくて済み、しかも人の手よりも正確にロボットアームで手術ができるため、日本はもちろん、世界中の医療機関で広く使われるようになりました。

ダ・ヴィンチの特許の多くが2019年に切れたことで、各国でダ・ヴィンチに続く支援ロボットの開発競争が激化していきます。

具体的にどのようなロボットが、これからのトレンドになるのか。私は、手術の良し悪しを自ら判断し、学習していく機能を備えたロボットが、トレンドになると考えています。例えば、手術を始める前に、患者の肌の色やお腹の膨らみなどの画像から、ある程度、体の内部の状態を把握できるような機能です。

そのような機能を活用し、手術プランを事前にシミュレーションする。そして、実際の手術も、単純な箇所から、医師ではなくロボットが自ら行なうようになっていくでしょう。つまり、手術支援ロボットから手術ロボットへの進化です。

テクノロジーとしては、画像診断のＡＩを実装すれば実現しますから、おそらくすでに開発を進めている企業もあると思います。

ＧＡＦＡは現時点では大々的には参入していませんから、いずれは参入してくるかもしれませんが、ベンチャー企業などにもチャンスがあると言えます。

❖創薬も優れたＡＩを持っているかどうかが生き残りのポイント

グーグルは、グループ企業のベリリー（Verily）や、同じくグループ企業で長寿をテーマとした研究に特化しているカリコ(Calico)で、遺伝子の解析を進めているのが特徴です。

病気には後天的な原因もありますが、がんや糖尿病といった疾患は遺伝的な要因も大きいとされています。遺伝子を解析できれば、その人がどのような病気に罹患しやすいかが事前にわかり、対策を施せます。遺伝子解析で得たデータを活用すれば、さらに精緻な保険の設計もできる可能性があります。

これまでの研究では、遺伝子解析にはかなりの日数とコストがかかっていました。それがテクノロジーで急激に進歩しました。遺伝子配列を解読するDNAシーケンサーの性能が大幅にアップし、従来の100分の1程度のコストで遺伝子配列を解読することが可能になったのです。

2020年11月には、グーグルのグループ企業のディープマインド(DeepMind)が開発した「アルファフォールド(Alpha Fold)」というAIが、タンパク質のフォールディング(折り畳み)問題を解決しました。ディープマインドは、プロの囲碁棋士に勝利した「アルファ碁(Alpha Go)」を開発した企業です。2014年にグーグルが買収し、その先見性が今に活きています。

少し専門的な話になりますが、私たち人間の体を構成している細胞の大部分は、水分を除くとタンパク質から構成されています。タンパク質は20種類のアミノ酸の配列で構成されますが、その配列情報だけではわからないものがあります。3次元での折りたたみ構造です。実際のタンパク質は3次元で立体的に絡《から》み合っており、どのような構造になっているのか、試行錯誤を繰り返して人力で解析するには効率的に限界がありました。アルファフォールドは、その問題を解決しつつあるのです。

そもそも、なぜ、グーグルはタンパク質の立体構造を解明したいのか。その目的の一つは、新薬開発につなげることです。そのため、これまで数多くの研究者がタンパク質の折りたたみ問題に挑んできました。けれども、既存のアプローチでは、解析の自動化はなかなかうまくいきませんでした。その壁を、グーグルのＡＩが越えつつあるのです。

昨今の新薬開発は、いかに優れたＡＩを持っているかが勝負です。逆に言うと、持っていない製薬会社は厳しい競争環境下に置かれる可能性があります。

❖新型コロナウイルスワクチンの開発も海外のベンチャー企業が早かった

また、ＡＩ以前に、日本の製薬会社はワクチン分野でも開発が遅れています。新型コロナウイルスのワクチンの開発状況を見ても、それは明らかです。

開発が最も早かったのは、従来の大手製薬会社ではなく、ｍＲＮＡ（メッセンジャーＲＮＡ）ワクチンという新しい手法に取り組んでいたベンチャー企業でした。２０１０年創業の米国のモデルナ（Moderna）と、２００８年に創業したドイツのビオンテック（BioNTech）です。ビオンテックが開発したワクチンは、米国の大手製薬会社ファイザー（Pfizer）が製造しています。日本では、信頼度を上げるためもあってか、知名度のあるファイザーの名前が大きく取り上げられており、もとはベンチャー企業であるビオンテックが開発していることを知らない人が多いかもしれません。

モデルナは２０１８年に上場を果たしており、新型コロナウイルスの感染拡大とともに、急激に時価総額を伸ばしました。

一方で、日本の製薬会社は、新型コロナウイルスのワクチン開発で大きく遅れています。日本の製薬会社がするべきことは、最先端のテクノロジーを持つ企業と手を組むことです。武田薬品は２０１８年にアイルランドの製薬大手、シャイアー（Shire）を、およそ６・２兆円で買収しました。シャイアーは研究開発にも注力している企業ですから、アクションそのものは悪くないと思います。世界のトレンドに乗るには、世界中の最先端の企業はどこかと常に探し、買収し続ける必要があります。

ただし、モデルナやビオンテックのような高い技術力を持つベンチャーは、VC（ベンチャーキャピタル）から多額の資金を調達できますし、自分たちの力だけで十分成長できることを理解しているため、いくら大手製薬会社でも、相当なメリットを提供しなければ買収は難しいのが現実です。

買収後にきちんと協業できる体制になるためには、買収する企業自体が、最先端の企業を取り込める経営体制になっていることも必要です。例えば、社長が30代後半で、買収する企業の取締役になって、買収先の社長と侃々諤々《かんかんがくがく》の議論をすることに違和感がないような、柔軟な企業文化を先に作っていなければならないのです。

だからこそ、自社でもさまざまな先進的な取り組みをまず試す文化が必要です。すでに先行しているベンチャーに追いつける可能性は低いですが、手をつけないと、買収できるベンチャー企業も買収できなくなり、さらに遅れをとるのが目に見えています。

もしかしたら10年後、富士通からスピンアウトしたファナックのように、世界の製薬業界をリードする先進的なテクノロジーを持つ社内ベンチャーが育つ可能性もゼロではありません。スピンアウトする会社の株を、過半数ではなく、少数だけでも持っておけば、その企業が成長すれば利益が出ます。スピンアウトした企業が元の企業の時価総額を越えて、逆に元の企業を買収してしまう。そのぐらいの新陳代謝が、今は求められているのではないでしょうか。

❖脳から直接データを取得するイーロン・マスク氏の企業

バイタルデータの取得において、テスラやスペースXの創業者であるイーロン・マスク氏が興味深いテクノロジーに挑んでいます。脳から直接データを取得するテクノロジーです。「ブレイン・マシン・インターフェイス（BMI）」という領域で、以前からハーバード大学の研究室なども手がけていました。

マスク氏は、同分野を徹底的に研究しようと、2016年にニューラリンク(Neuralink)という企業を新たに設立して、脳とコンピュータをつなぎ、脳波を測定する研究に本腰を入れます。

脳波を解析し、脳の状態を知ることで、記憶障害、難聴、不眠、発作といった不調から、脳卒中、認知症といった重い脳の病気まで、主に神経疾患に関する不調やケア、進行状況などの把握や分析、治療につなげようとしています。

一見すると夢物語のような研究ですが、２０２０年8月、マスク氏が自ら登壇したオンラインイベントで発表された研究成果は驚くべきものでした。

イベントには3匹の子豚が登場しました。子豚の脳には彼らが開発した「リンク０・９（Link 0.9）」というデバイスが埋め込まれており、そのデバイスから発せられた電気信号の様子をモニタリングしてみせたのです。

研究が進み、脳波の解析が進めば、例えば「こんにちは」と脳でイメージしただけで、目の前のモニターに「こんにちは」と表示されるようなテクノロジーが実現することも十分考えられます。さらに進むと、画像を思い起こすだけで、相手に送信できるかもしれません。

言葉だけではありません。動きによっても脳波が変わりますから、麻痺《まひ》で動かなくなっている手を再び動かすこともできるかもしれません。パーキンソン病の原因はいまだにはっきりとしていませんが、この研究によって解決する可能性もあります。

日本における厚生労働省に相当する米国政府のＦＤＡ（食品医薬品局）は、この研究の機器を「先進的デバイス」として認定しています。パーキンソン病の原因解明など、メリットが明示的だからです。今後、さらなる技術革新が進むことは明らかで、人への臨床実験も進めていくことが考えられます。

脳の状態が明確にわかるようになれば、これから先、どのような脳疾患に罹患する可能性があるのかもわかるでしょう。実現すれば保険商品も設計できます。

病院や医療機器メーカーではなく、ロケットやEVを開発しているメーカーの創業者が、このような革新的な医療技術を生み出しているのも、まさに昨今のトレンドの一つ、業界の壁の崩壊、もしくは、「業界を越えたコングロマリット化」です。

一見無関係に見えるところが、実は、意外な相乗効果を生みます。例えば、ロケットに必要なために開発した非常に硬いステンレス素材を、２０２１年末以降発売予定のテスラの最新ＥＶ「サイバートラック(Cybertruck)」に使って、耐久性を高めると同時に費用を抑えるという事例が出てきています。

マスク氏は、さらに、頭蓋骨にデバイスを埋め込む手術ロボットも独自に開発しています。

❖産官学が連携し、ワンチームで改めて「健康」について考えるべき

日本は米国と比べると、産業界、大学や研究施設などのアカデミックな機関、そして政府、それぞれの連携やコミュニケーションがうまくとれていないことも問題だと私は思っています。

医療機器メーカーやテクノロジー企業が病院の下請けのような位置づけで、「製品やサービスを買ってください」とお願いする構図になっています。このような構図からの脱却が必要です。

日本国民全員が健康になり、医療費を下げるためには、どうすればよいのか。ヘルスケアやメディカルに携《たずさ》わるあらゆる企業や関係者が協力して、まさにワンチームで取り組むことが、これからは必要でしょう。

米国では、医療費が日本よりはるかに高額であったり、肥満や糖尿病などの生活習慣病に罹患する人が多かったりという状況があります。しかし、だからこそ、関係者が一丸《いちがん》となって業界をよりよくしていこうという機運がありますし、ロビー活動も頻繁に行なわれています。

米国のドラッグストアは、住民のヘルスケアのタッチポイントとして、多くのメディカルサービスを提供しようと動いています。

米国最大のドラッグストアチェーンであるＣＶＳファーマシー（CVS Pharmacy）では、薬局内にクリニックを併設《へいせつ》し、簡単な診療から注射、投薬までを受けることができます。対応は、医師ではなく、看護師が行なっている場合も多い。

難易度の高い疾患に関しては、もちろん医師の診察が必要ですが、慢性的な病気の診察や治療、インフルエンザや今回の新型コロナウイルスのワクチン接種などは、病院ではなく、近所のドラッグストアで受けられる体制が整っています。

日本でもこのような状況が整備されれば、病院でのフルタイム勤務は難しい子育て中の看護師も、近所のドラッグストアで日中だけ働くことができるかもしれません。つまり、資格や技術、経験を存分に活かすことができるのです。

病院で診察を受ける患者が減ることで、医療費も下がります。

「健康とは？」というテーマと真剣に向き合っているという点では、エーザイが参考になります。

エーザイは社名に「製薬」の文字がありません。ウェブサイトにも書かれているように、本当に作りたいものは薬ではなく、その先にある患者やその家族の幸せだからです。そのビジョンを、「ｈｈｃ（ヒューマン・ヘルスケア）」という造語を掲げて表明しています。

運動を生活に取り入れて健康を促進する取り組みだけでなく、患者とその家族が健康で幸せになることであれば、製薬会社という壁を意識することなく、まさにコングロマリット化して、さまざまなサービスを手がけていこうという姿勢が窺《うかが》えます。例えば、がんで闘病中の患者に対して絵を描くワークショップを行なうことで、心身の負担を軽減するような取り組みも行なっています。

テクノロジーの領域では、アルツハイマーの治療薬「ADUHELM（アデュカヌマブ）」を米国のNASDAQ上場企業のバイオジェン（Biogen）と共同開発し、FDAの認可を得て投与が始まっています。

このように、海外の企業と提携し、生き残るためには、考え抜かれ、社員の一人ひとりが熱く語れるビジョンが必須のファクターです。

サービスに関わる人の多くが、健康も含め、幸せになる。エーザイは、そのような未来を明確に描いている企業だと思います。

第4章

金融

従来のビジネスモデルが破壊された先にあるのは？

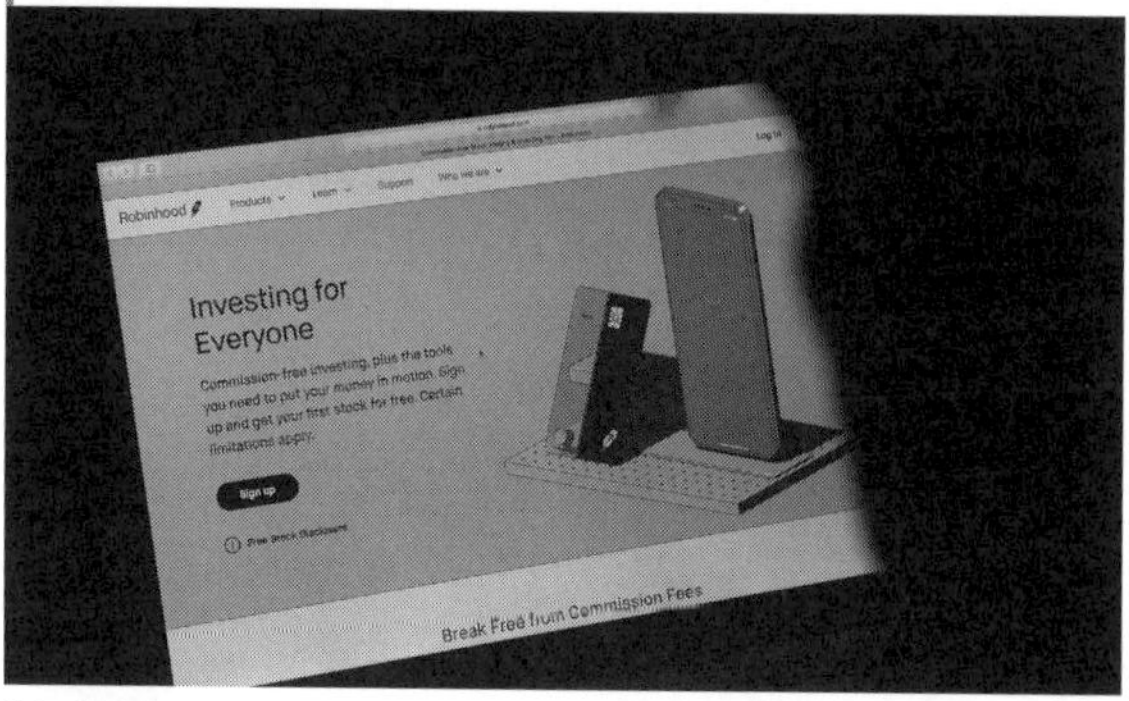

株を手数料無料で売買できる「ロビンフッド」(写真：中尾由里子／アフロ)

❖さらなるデータを求めてＧＡＦＡが金融業界に参入

金融業界にもＧＡＦＡが次々と参入しています。そして、これまで金融機関の事業の柱の一つであった各種手数料がゼロのサービスを展開しています。

例えばアップルは２０１９年にアップルカードを発表し、金融業界に参入。大手カード会社の多くが年会費を徴収している中で、いわゆるゴールドカードのようなプレミアム感を保ち、アップルらしい斬新なチタン製のスタイリッシュなデザインでありながら、年会費は無料と、一見矛盾しそうなコンセプトを両立しています。アップルカードで決済を行なうと、アップルのサービスの各種割引が受けられる特典まで設けています。私も使っていますが、一度持つと手放すことが難しい、お得なカードだと感じています。

アップルは、手数料無料に加え、なぜ他のサービスの割引までできるのか。それは、カード事業単体で儲けようとしていないからです。

言い方を変えれば、カード事業は赤字でも構わない。アップルが目論んでいるのは、いつまでもｉＰｈｏｎｅを使い続けてもらうことです。

２０２０年には免許証などの身分証明書やデジタル鍵をｉＰｈｏｎｅで表示できるようにするサービスを発表しました。これも、この囲い込みの一環です。財布など、身の周りの貴重品や、ヘルスケアデータを、なるべくｉＰｈｏｎｅでデジタル化してもらい、信頼を得たうえで、ｉＰｈｏｎｅ以外のデバイスに乗り換えるメリットを相対的に少なくするわけです。スマートシティや省庁のデジタル化への影響も大きくなっていくでしょう。

ｉＰｈｏｎｅのハードウエア自体の売上がアップルの収益の柱であることももちろんですが、ユーザーがｉＰｈｏｎｅを長年使い続けることで蓄積されていくデータを活用することで、新たなサービスを展開していくという戦略が垣間見えます。

グーグルは、２０２０年11月、シティバンクやいくつかの地銀と連携し、銀行が現在行なっている、口座開設、入出金、運用などのすべての金融サービスを、スマートフォンのアプリ「グーグルペイ(Google Pay)」内で完結できるようにすると発表しました。グーグルペイ自体は以前からあり、年会費、決済手数料などはすべて無料です。銀行業務についても、同じく無料にすると私は見ています。

なぜ、無料にできるのか。基本的な考え方はアップルと同じです。データを利活用することで、別の事業から収益を得ることができるからです。グーグルの利益の大半を占める広告収入などです。

グーグルの広告ビジネスの仕組みには、「広告を表示したら〇円」というディスプレイ広告もありますが、クリックされて初めて課金されるリスティング広告もあります。そのため、どのユーザーにどのような広告を出すかが、ビジネスの肝《きも》となっています。

この広告選定のアルゴリズムに、グーグルペイから得たデータが加わると、ユーザーによりマッチした広告を表示できる可能性が高まります。

単純に言えば、クリック率が1%から2%に増えただけで、利益が倍になります。グーグルの広告収入は莫大ですから、わずか1%、クリック率が増えただけでも、大きく業績を伸ばすことにつながるのです。

❖株の売買手数料を無料化した「ロビンフッド」

手数料を無料にするトレンドを生んでいるのは、GAFAだけではありません。新たな収益源を生み出すことで、手数料を無料にするベンチャー企業も続々と生まれてきています。筆頭格は、無料で株式投資を行なえるアプリを開発・運営している米国のベンチャー企業、ロビンフッド(Robinhood)です。

課金が必要なサービスも提供していますが、株の売買に関してはまったくの手数料無料。利用者の大半が無料で利用しています。

それにもかかわらず、利用者にテスラ株を1株プレゼント(当時の価格で約3万円)するなどのキャンペーンも展開し、爆発的に利用者を拡大しました。特に、それまで株式投資経験のなかった初心者、10代や20代といった若い層からの支持を集めています。敷居の高かった投資を民主化した、業界の固定観念を取っ払ったベンチャー企業だと言えます。

ロビンフッドは、どこで利益を出しているのか。

将来は変わるかもしれませんが、現時点での答えは、トレードのアロケーションです。アロケーションとは、金融用語で割当、配分を意味する用語です。

一般的な証券会社は、顧客が発注した株を証券取引所で購入しますが、ロビンフッドの場合は複数の証券会社から購入しています。そして、「あなたの会社から買うようにアロケーションするから、その分のフィーを頂戴《ちょうだい》します」というビジネスモデルになっているのです。

❖学生ローンの利率を大幅に下げた「ソーファイ」

米国の大学の授業料は、日本に比べて、はるかに高額です。加えて、日本では実質的に無利子、無担保でローンを組むことのできるさまざまな奨学制度や奨学団体がありますが、米国にはほとんどなく、あったとしても競争率が高い。そのため、一般的な銀行の学生ローンを組むことがあります。

学生ローンの金利は、借りる額が高額で、返済できない人が少なくないため、高くなっています。

高金利で高額のローンを支払えない人もいますし、支払うために無理をしてでも高収入を得られる企業に就職する必要があるなど、学生にとって不満の多い状況がありました。

このような状況を打破したのが、米国のベンチャー企業、ソーファイ(SoFi)です。

ソーファイは、融資対象を将来高収入が得られる職業に就く可能性の高い高学歴な学生に絞りました。きちんと返済してもらえるよう、就職支援やキャリア支援サポートも行なっています。その結果、一般的な銀行の学生ローンの約半分という金利を実現し、一気に支持を広げました。

ソーファイは、学生ローンでの成功を礎《いしずえ》に、住宅ローンなど、一般の個人向けのローンサービスにも着手しています。そして次々と業界の壁を越えていき、事業をコングロマリット化。株や仮想通貨の取引、各種決済サービスにも進出するなど、フィンテックベンチャーとして急成長を遂げ、２０２１年１月にニューヨーク証券取引所に上場。上場時の評価額は約９０００億円というインパクトでした。

❖電子決済の手数料を下げた「ペイパル」と「ストライプ」

ＥＣサイトなどで買物をした際に行なう電子決済においても、ベンチャー企業が新たな決済プラットフォームサービスを安い手数料で提供するトレンドがあります。

代表的なものが、ペイパル(PayPal)です。イーロン・マスク氏が設立した、米国のベンチャー企業です。

アマゾンなどの巨大ＥＣサイトは、独自の決済プラットフォームを持っています。しかし、個人事業主も含め、規模がそれほど大きくない企業が決済プラットフォームを自社で構築するのはハードルが高い。ペイパルはそのような中小企業をターゲットにサービスを展開しています。

ペイパルの特徴であり優位点は、データの収集・分析を念頭に置いたビジネスモデルになっていることです。データを利活用することで、手数料を安く設定でき、顧客数を伸ばしていきました。

ペイパルと同じく米国のベンチャー企業、ストライプも、電子決済事業で飛躍的な成長を遂げています。

オンライン決済では、カード番号を打ち込んだり、銀行口座を指定したりと、それなりに手間がかかります。ペイパルを利用しても同様で、ペイパルのアカウントとパスワードが必要です。

それに対して、ストライプの決済サービスは、このような手間を一切排除しています。アカウントの作成やカード番号の入力をカメラの文字認識で楽にして、しかもセキュリティもしっかりと担保した決済を実現しました。

さらにストライプのサービスが素晴らしいのは、わずか数行のコードを、決済機能を導入したいサイトに加えるだけで、使えるようになることです。

決済手数料もペイパルよりもさらに安く設定していることもあり、設立からまだ10年ですが、ここ数年で急激に成長しています。日本でも2016年から導入が進んでおり、全日空などの大企業からDeNAやfreeeといったメガベンチャーまでが利用しています。時価総額もすでにペイパルの3分の1に迫る約10兆円にまで伸びています。

❖リアル店舗の決済手数料を下げる「〇〇ペイ」

今のところ日本では、決済の主流は、現金の他、クレジットカードやSuicaなどの交通系ICカードです。しかし、PayPayに代表される「〇〇ペイ」が、今後はさらに普及するでしょう。

従来のクレジットカードによる決済を導入しようと思うと、1台10万円近くもする端末を、事業者が自腹で購入しなければいけません。入会手数料も支払う必要がありますし、個人の飲食店においては毎回の決済時に利用手数料が4～6％ほど徴収されます。

一方、PayPayなどの「〇〇ペイ」であれば、バーコードを読み込めるレジやスマートフォン、もしくはQRコードがプリントされた用紙だけでハードの設定が済みますから、導入のために新たにかかるコストが少ない。

さらに、最近はクレジットカード会社も行なっていますが、決済のデータを取得することを目的にすれば、ＧＡＦＡの金融サービスと同じく、手数料を大幅に下げられます。

実際、ＰａｙＰａｙは、キャンペーン中ということもありますが、２０２１年9月までは、導入費、決済手数料、入金手数料までがすべて0円です(条件あり)。キャンペーン終了後は手数料を徴収するでしょうが、クレジットカードよりも安いことは間違いありません。

そして、ここからがポイントですが、第1章で述べたように、ＰａｙＰａｙを通じて収集したデータは小売事業のレコメンデーションに活用されるはずです。

ＰａｙＰａｙは、ヤフーやＰａｙＰａｙ銀行(２０２１年4月にジャパンネット銀行から名称変更)などと同じく、Ｚホールディングスのグループ会社です。ですから、ＰａｙＰａｙの決済データは、ヤフーショッピングやＰａｙＰａｙ銀行などのデータと連携させられます。この掛け合わせがインパクトを生むと、私は見ています。

さらに、Ｚホールディングスは、２０２１年3月にＬＩＮＥとの経営統合を完了しました。消費者や規制当局からの信頼があれば、オンライン・オフライン両方から得たデータを解析することで、顧客が求めている商品やサービスを、ＬＩＮＥを通じてレコメンデーションすることが容易に想像できます。

さまざまなアプリを連携させたデータ活用で、オンライン、オフラインや業種に関係なく、画期的でワクワクするようなサービスを提供してくれることを期待しています。

❖ＡＩによってファンドの運用手数料を下げた「ウェルスナビ」

いまだに投資信託の売買や運用にかかる手数料を２％ほども徴収している金融機関も少なくありませんが、若い人を中心に、投資の際に生じる手数料が高すぎると考える人が増えています。今後は、先述したロビンフッドのように、株式投資や投資信託の運用にかかる手数料が下がっていくことは間違いありません。

ファンドの運用を人ではなくＡＩが行なう「ロボアドバイザー」であれば、人件費の分、手数料を下げられます。

日英の財務省やウォール街で働いた経験を持つ柴山和久氏が創業したウェルスナビのロボアドバイザーの手数料は１％です。

ロボアドバイザーは、投資に詳しくない人でも、スマートフォンでいくつかの項目を入力するだけで簡単に投資ができる点でも魅力です。

これまでも、投資のプロフェッショナルである機関投資家などに対しては、ロボアドバイザーに近いサービスはありました。しかし、ポートフォリオのリバランス（組み換え）の頻度が上がれば上がるほど、それを実現するシステムに費用がかかるため、一般の投資家に広まるまでには至っていませんでした。

しかし、テクノロジーがそのような壁を突破。マーケットから上がってくるデータを自動的に収集・分析し、利用者の投資戦略や資金を考慮しながら、最適なポートフォリオをAIが自動で作成します。取引だけでなく、資産運用実績の資料作成などもすべて自動で行なうことで、安い手数料を実現しています。

❖ローンの審査の効率化で金利を下げた「キャベッジ」「アファーム」

各種ローンサービスにも、大きな動きがあります。これまで人が行なっていた与信をコンピュータやAIが膨大なデータをもとに自動で行なう「AIスコアレンディング」です。

ローン審査は正確かつ精緻に行なわなければいけません。しかし、従来の銀行のローン審査は、申告者自身が資産状況などを記入した書類を提出し、銀行の担当者が判断するという流れが一般的でした。保険と同じく、「情報の非対称性」が大きい分野であったわけです。手間も経費もかかり、そのコストは金利に加味されていました。

従来のローン審査のフローには、さらに二つの問題があります。

まず、信憑性《しんぴょうせい》です。例えば、違法ですが、資産の裏づけを、一時的に、ある程度はごまかすことができますし、キャッシュフローに関しても、本人が覚えていないことも多々あります。

もう一つの問題は、担当者によって審査結果が変わるケースがあることです。つまり、与信を正確に判断することは難しいのです。正確ではないため、金融機関としては貸し倒れをしても損をしないリスクヘッジの観点から、金利を高めにとっていた状況がありました。

このような状況に風穴を開けたのが、米国のベンチャー企業です。

事業向けのローンを手がけるキャベッジ(Kabbage)は、ローンの申し込みから与信の判断まで、すべてオンラインで完結します。しかも、与信の判断に要する時間は10分。コンピュータが自動で判断しますから、24時間いつでも利用できます。

10分で与信を判断できるのは、自ら保有しているデータを利用するのではなく、審査対象となる人物のインターネット上のアカウントなどから判断しているからです。

　現時点では、アマゾンマーケットプレイスなどに出品する小売事業者がメインの顧客のようで、審査対象者はアマゾンなどでの売上情報や顧客からのレビュー、トラフィックなどの情報を、自分から提供します。アマゾンのデータは、あくまで利用者のデータですから、アカウントへのアクセスを審査対象者本人が行なえば、アマゾンはデータの開示を拒《こば》むことはできません。

　アマゾンを例に挙げましたが、キャベッジが与信を判断する先のアカウントは一つではありません。他のＥＣサイトもチェックしていますし、クラウド会計ソフトのアカウントからデータを得れば、より詳細なお金の流れや資産状況を把握できます。

　そうしていくつかのデータをチェックした上で、融資の可否や金利、金額を提示します。

　中小企業経営者や個人の与信も手がけることが可能な仕組みですから、マーケットはますます拡大していくでしょう。

　キャベッジはまだ日本では展開していませんが、日本も含め、キャベッジに追随するベンチャー企業も出てきています。

　個人向けのローンでも、ＡＩスコアレンディングのサービスが生まれています。

高級家電やフィットネスで使うエアロバイクなど、一括で購入するには金額が大きいけれど、銀行やクレジットカード会社でローンを組むのは利率が高すぎる。あるいは、そのような商品を対象にしたファイナンスがないという課題が、これまではありました。

このような課題を解決したのが、アファーム（Affirm）です。

アファームは、これまでのクレジットカード会社のローンなどの金利よりも低く、かつ、申し込みや審査がスムーズなサービスを提供しています。コンピュータが自動で審査を行ないますから、キャベッジと同じく、インターネットで完結し、24時間対応です。

アファームは、アルゴリズムを事業資金の融資の審査にも展開し、個人向けと同じく、事業者が今すぐ欲しいキャッシュを低金利で貸し出すサービスにも着手しています。

日本にはまだ進出していませんが、導入が始まったら、日本のクレジットカード会社が打撃を受けることは間違いないでしょう。そして、日本にも進出すると私は見ています。

日本でも、キャベッジやアファームのようなサービスを行なう企業が登場しています。みずほ銀行とソフトバンクが合弁で設立したＪ．Ｓｃｏｒｅ（ジェイスコア）です。

サービス内容は先述した2社と同じような仕組みです。ただし、アルゴリズムはオリジナルではなく、中国のアリババグループのフィンテックベンチャー、アント・グループ（螞蟻集団）が開発した芝麻《ジーマ》信用からヒントを得たものです。

❖店舗がなくなりスマホ完結型の「デジタルバンク」が主流になる

スマートフォンですべての銀行業務が行える、スマホ完結型の「デジタルバンク」が、今後は金融サービスの主流になっていきます。そして最終的には、GAFAをはじめとするテクノロジー企業、特にネット完結型のデジタル関連のサービスを手がけている多くの企業が、デジタルバンクを設立する。このようなトレンドが生まれると、私は見ています。テクノロジー企業にとって、銀行を自前で作ることは、技術的にまったく難しいことではありません。

ユーザーの視点に立っても、銀行、証券、保険などのサービスをそれぞれ別のアプリやリアル店舗の窓口で利用するよりも、一つのプラットフォームで、それもスマートフォン一つで完結するほうが、利便性が高いことは明らかです。実際、平安保険、ロビンフッド、ソーファイなどは、すでに銀行のような各種金融サービスを手がけています。

ロビンフッドはデビッドカードやバンキングカード（国際キャッシュカード）の発行もし

ていますし、ロビンフッドの口座に入金されたキャッシュは、銀行や証券会社の口座と同じように、運用されています。しかも、銀行より高い金利で、です。株式投資だけでなく、その他各種サービスの手数料の大半も無料です。リアルな店舗や古いシステムではなく、クラウドやスマートフォンでの生体認証、将来的には免許証も含むデジタル化された身分証明書が活用できるため、運営のための費用がぐっと減るからできることです。

おそらく、ロビンフッドは、各種公共料金の支払い、保険サービスなど、お金に関係するサービスを、今後ますます増やしていくでしょう。まさにコングロマリット化。業界を越えたサービスを、ユーザーの利便性を考えて提供していくのです。

デジタルバンクが台頭すれば、スマートフォンですべての銀行業務が完結するようになりますから、必然的に銀行の窓口は必要なくなります。店舗はもちろん、現金を引き出す機会も減ってＡＴＭもいらなくなる。かなりの数の銀行窓口やＡＴＭが、公衆電話のように、姿を消すでしょう。

実際、三菱ＵＦＪ銀行は、２０１７年度末時点で５１５店あった店舗を２０２３年度末までに２００店ほど減らすことを打ち出しています。このようなトレンドは米国の銀行も同様です。

❖証券会社の窓口も、証券取引所もなくなる

銀行の店舗だけでなく、証券会社の窓口も、これから姿を消していきます。

究極的に言えば、東京証券取引所もニューヨーク証券取引所も、物理的にその場所にある必要はありません。電力やエンジニアの面から、あるいはデータセンターとして、より最適な場所が見つかれば、ウォール街や兜町《かぶとちょう》は歴史的な役目を終えるかもしれません。

証券取引所に設置されたレガシーなシステムを使って取引をするのがこれまででしたし、高速取引をするヘッジファンドが、サーバールームの近くに何億円以上もかけてスペースを借り、惜しみなく高額な機器を注ぎ込んで、取引の高速化と0・001％程の利益を1000億円以上の資産規模で求めていく競争もあります。しかし、そもそも時間順で取引注文を受け付けるよりは、0・1秒程のタイムラグを作り、まとめて注文を執行したほうが、マッチング理論的に公平で効率的な市場が作れるかもしれません。また、レガシーシステムをつぎはぎで改良していくよりは、一度まっさらの状態でクラウドから開発をしたほうが、よりセキュアで大規模かつ高度な処理ができるシステムができ、メンテナンスコスト

も１００分の１以下になる可能性もあります。

証券取引所の役割とは、理論的には、買い手と売り手が出会うマッチングの場を構築することです。そしてそのような場は、リアルではなくオンラインが主流になっています。リアルな場としての証券取引所は、現代では役目を終えつつあります。

証券取引所にとって重要なのは、いかに多くの人を集めるかと、利便性の高いプラットフォームであることです。この点においても、旧態依然としたシステムを使い続けることでたびたびシステム障害を起こしている既存の証券取引所から、まったく違った形のより便利な証券売買のマッチングの場に、メインの市場が移ってもおかしくありません。もちろん、監督は十分にする必要がありますし、規制緩和も必要です。

そういった意味では、ビットコインやイーサリアムといった暗号資産交換所のサービスを手がけているコインベース（Coinbase）にも注目しています。日本での暗号資産交換業者登録も２０２１年６月に完了しています。

コインベースの収入源は売買手数料で、一般的な株の売買手数料に比べ、現時点で暗号資産の売買手数料はかなり高く設定されているケースもあるため、２０１２年の設立以降、急激に成長を遂げています。理論的には、株や外貨など、取り扱う商品を増やすことも可能です。

コインベースが扱う暗号資産の取引量や金額は、日本の証券取引所のそれを上回ってもおかしくありません。逆に、既存の証券取引所が、ＥＴＦ（上場投資信託）などの取り扱いを通じて、暗号資産に参入する余地もあります。

❖日本でも登場したデジタルバンク「みんなの銀行」

海外のテクノロジー企業に対抗するべく、日本初のデジタルバンク「みんなの銀行」を設立したのが、福岡銀行などを傘下に持つふくおかフィナンシャルグループ（ＦＦＧ）です。「みんなの銀行」は２０２０年12月に銀行業の営業免許を取得しました。

デジタルバンクは、従来からあるネットバンキングとは一線を画《かく》す、新しいタイプの銀行です。すべてのサービスラインがスマートフォンで完結し、印鑑を使うシーンもありません。ＦＦＧでもネットバンキングのサービスを提供していますが、改めてデジタルバンクの開発に臨み、リリースに至りました。

「みんなの銀行」は２０２１年５月に顧客向けのサービスを開始したばかりです。そのため、本稿執筆時点では、本当に「国内初のデジタルバンク」の名に相応《ふさわ》しいのか、使い勝手がよいのかなどは定かではありません。一部に手数料が高すぎるという声もありますが、一気に国内にデジタルバンクが広まるきっかけになればと期待しています。

❖金融機関はテクノロジー企業になるしかない

本章で述べてきたように、金融業界は、特にテクノロジーによる変化が激しい業界です。もともとお金は単なる数字の世界で、数学とテクノロジーの相性はとてもいいのです。手数料やローンの金利をはじめ、従来の金融機関が収益の柱としてきたものが、テクノロジー企業によって変革されていきます。

では、既存の金融機関がテクノロジー企業に立ち向かうには、どうすればよいのか。

それには、彼らと同じように、テクノロジーの力をつけるしかありません。つまり、金融機関もテクノロジー企業に変貌、進化するのです。

一時期、定量分析を強化するために、理系の博士号を持った人材を大量採用した時代もあったと思いますが、同様のことをエンジニアについて行なうのです。それは、単なる専門職ではなく、社長や取締役など、経営に関わる人材にまでにならなければなりません。

三菱UFJフィナンシャル・グループCEOの亀澤宏規《かめざわひろのり》氏は、東大大学院理学系研究科数学専攻出身ですが、同様に、エンジニア出身者がトップのビジョンを描く金融グループが、将来、出てきます。

投資銀行で動きの速いゴールドマン・サックスでは、2018年にはマーケットメイク(値付け)をするトレーダーが20年前の500人から3人になり、数千人のエンジニアを採用して、自動化システムの開発を強化しています。もちろん、企業文化が金融のままだと、エンジニアが働きたい環境にはならないので、試行錯誤している部分もあります。

また、個人消費者向けの事業では、アップルカードでアップルと協業する道を選んでおり、テクノロジー企業の黒子《くろこ》となる道を選んでいます。しかし、これもいつまで続くかはわかりません。例えば、第3章でお話ししたとおり、アマゾンは保険事業において、バークシャー・ハサウェイ、JPモルガン・チェース銀行との協業を解消しています。お互いにメリットがある関係性を長期間維持するのは、テクノロジーの変化とともに事業環境の変化が激しい時代だと、難しいからです。

エンジニアを積極的に採用する、評価方法や職場環境などをエンジニアが好むように変えるなど、金融機関がテクノロジー企業に変わるためにはハードルがいくつもありますが、最も重要なことは、トップが、エンジニアが面白いと思うような明確なビジョンを掲げ、全社的な改革を行なうことです。

先出の三菱ＵＦＪフィナンシャル・グループの亀澤氏は、２０２０年に就任した、メガバンクでは初めての理系出身の社長で、同社のデジタル戦略の責任者を務めてきた人物です。これまでは人事部や企画部が出世の王道でしたが、新しい時代に対応するためには、デジタル戦略を形だけでなく実務で経験することがますます重要になってきます。

グループの中の三菱ＵＦＪ銀行は、２０２１年３月、翌春入社するデータサイエンティストなどのデジタル人材の給与が入社１年目から１０００万円を超える可能性がある仕組みを導入すると発表しました。いかにデジタル化を本気で推《お》し進めているのか、デジタル人材を重要視しているかを示していると言えます。１０００万円という金額で、外資系企業のほうがよりお金を払い、扱えるデータが多く、仕事の幅が広い環境の中、優秀なデジタル人材が本当に集まるかどうかはわかりませんが、アクション自体は重要です。

同グループについては、もう一つ、２０１６年に立ち上げられたJapan Digital Design（ジャパン・デジタル・デザイン／以下、ＪＤＤ）にも注目しています。フィンテック事業の開発を目的に設立した社内ベンチャーで、その後、スピンアウト。フィンテックに関するサービス開発を徹底的に行なっており、すでに中国のテンセントと組んで新たなサービスを開発するなど、具体的なサービスもローンチしています。

ＪＤＤは、エンジニアが働きやすい環境を実現している点でも参考になります。ホームページを見ても、登場している経営陣はＴシャツなどのラフでカジュアルなスタイルですし、何かやってくれそうな、いい意味で金融機関らしくない、ベンチャー企業ならではの雰囲気が前面に出ています。

第5章

家電

「スマートホームのOS」を握るアマゾン・グーグルとどう向き合うか？

写真：picture alliance／アフロ

❖アマゾン・グーグルのスマートスピーカーが「データを制する」

あらゆる家電がインターネットにつながる。そして、スマートスピーカーで操作できるようになる。これが、これからの家電のトレンドです。

このようなトレンドの兆候は２０１７年ごろからありました。ＣＥＳで、アレクサを搭載したアマゾンエコー、もしくは「グーグルアシスタント(Google Assistant)」に対応した家電が多く展示されるようになったのです。

「アレクサ、エアコンの温度を28度に設定して」とアマゾンエコーに話しかければ、アレクサがそのとおりにエアコンを操作。人がリモコンを取りに行く必要はありません。

スマートスピーカーは、アップルや日本企業も含め、他のテクノロジー企業もさまざまな製品を出していますが、事実上、アマゾンとグーグルの一騎打ちとなっています。まるで、携帯電話のＯＳがアップルとグーグルで一騎打ちになっている状況に似ています。他の企業のスマートスピーカーは、この両社と比べると、反応が鈍かったり、正しく音声を聞き取れなかったりして、ＡＩの性能が低いと感じます。

スマートスピーカーの性能はＡＩの性能そのものです。そのため、ＡＩの開発実績があり、かつクラウドを自社で持っているアマゾンとグーグルが抜け出しているのです。

皆さんの使っているスマートスピーカーは、基本的には、話しかけた音声データをいったんクラウドに送信して、音声を文字に直し、文字の意味を理解してから、回答を出し、そして、スピーカーに送り直して音声として聞けるようにしています。中には端末上でできる処理もありますが、基本的には、クラウドでの処理と、インターネットから取得できる情報の処理がとても重要なのです。

私は、ハードウエアの豊富さという観点では、グーグルよりもアマゾンが、今のところ一歩リードしていると見ています。アレクサは、アマゾンエコーだけでなく、モニター付きやメガネ型など、多様なタイプのデバイスに積極的に展開しており、アレクサに対応した家電もすでに１００以上発売されているという実績が理由です。

アレクサをパソコンにインストールすることもできます。パソコンの操作も音声でできるのです。

韓国メーカー、ＬＧエレクトロニクスの最近のパソコンには、マイクロソフトの音声認識ＡＩのコルタナ(Cortana)に加えて、アレクサが標準装備されている機種もあります。

これは、将来的に、パソコンとテレビやスピーカーなどの他の家電をつなぐことを想定した動きに見えます。

インテルのCPUがあらゆるパソコンに搭載されたようなイメージで、アレクサかグーグルアシスタントを搭載した家電が増えていくでしょう(アップルもiPhoneを武器に同様のエコシステムを拡大しようとしていますが、スマートスピーカーのシェアでは出遅れています)。

あらゆる家電にアレクサが搭載されれば、「スマートホーム」が一般化します。家の中で、アレクサが、パソコンにおけるOSのようなポジションになるのです。そうなると、冷暖房や電力使用などの家の中全体での最適化も、自動で行なえます。

逆に言えば、スマートホームのOSのポジションを獲得した企業は、AIを駆使してあらゆる家電を最適化するチャンスがあります。

アマゾンは、スマートフォンのOS争いでグーグルやアップルに負けた苦い過去がありますから、スマートホームのOSに関しては、何が何でも主導権をとりたいのでしょう。その強い想いもあって、前のめりで開発を進めているものと思われます。

スマートホームのOSのポジションを手にした暁《あかつき》には、「はじめに」で挙げたメガトレンドの一つである「データを制するものが未来を制す」をそのままに、他のサービスと連携したビジネスを推し進めていくことは間違いありません。

❖「アマゾンキー」で家の玄関番に。さらに家を飛び出して街中へ

アマゾンが家の中のＯＳを制覇する入り口は、スマートスピーカーだけではありません。アマゾンは「アマゾンキー（Amazon Key）」というスマートキーを提供していて、すでに米国では一般家庭で使われています。自宅の鍵をアマゾンキーに変えると、スマートフォンで開閉ができるようになります。

さらに、アマゾンの配達員が荷物を届ける際、家主が不在でも、アマゾンキーで玄関の鍵を開けることができます。そして、屋内の指定された場所に荷物を置いてくれるのです。セキュリティの観点から、同サービスではクラウドカメラがセットになっており、本当にアマゾンの配達員なのか、家の中で妙な動きをしていないかなどをチェックできる配慮もされています。

冷蔵品であれば冷蔵庫内に届けることができますし、アマゾンケアと連携させれば、体

調を崩して自宅のベッドで寝たきりの状態の人のもとへ医師や看護師が訪問し、診療することも可能になります。

こうしたサービスをアマゾンが手がけている理由は、家の玄関番になりたいからです。玄関番を任されるほど信頼されれば、さらに便利なサービスを、スマートホームのOSを通じて提供できます。

スマートホームを制した先にアマゾンが狙っているのは、都市のOSです。アレクサは家の中から飛び出し、街のあらゆる場所に実装されることを考えています。

例えば米国の1万カ所以上のガソリンスタンドでは、車に乗りながら、「アレクサ、ガソリン代を払っておいて」と話しかければ、少しの確認のあと、決済を完了します。

アマゾンが得るデータはさらに増え、AIやレコメンデーションの精度の向上はもちろん、これまで以上のおもてなしを顧客に提供できるようになります。まさにアマゾンが目指している顧客ファーストなサービスを、次々と展開していける。そんな未来をアマゾンはイメージしているでしょう。

❖利用者一人ひとりに最適化した家電が実現する

あらゆる家電にＡＩが搭載されるようになると、家電は利用者一人ひとりのニーズによりフィットしたサービスを提供するようになっていきます。

例えば、今の高級炊飯器は、お米のブランドや炊き上がりの好みを選択すると、それに最適な炊き方をしてくれる機能が搭載されています。しかし、未来では、炊飯器を使う人の好みをＡＩが判断し、自動で最適な炊き方をするようになるでしょう。最初の数回は満足のいく炊き方ではないかもしれませんが、ＡＩは失敗から学習し、次第に賢くなっていきます。

洗濯機は、どのような衣類が投入されたのかを付属のカメラで認識し、クラウドサーバー上で最適な洗濯方法を判断。洗剤や水量、時間などを、利用者がボタンを押すことなく、自動で選択します。さらに、洗剤の量が減ってきたら、アマゾンに自動で注文する機能もつくことでしょう。

冷蔵庫でも同じようなことが言えます。庫内にカメラを内蔵し、「どのような食材がストックされているのか」「いつ冷蔵庫に入れたものなのか」などを把握します。今は食材の袋やタッパーに購入日や調理日をペンでメモしている人もいますが、このような手間をAIがなくしてくれます。

そして、卵の数が減ってきたら、自動で購入してくれる。あるいは、スマートスピーカーで「卵が残り2個です。購入しますか?」というようにアナウンスをしてくれるようになります。

❖日本の家電メーカーが生き残る二つの形

こうしたトレンドに対して、日本の家電メーカーはどう対応するべきか。

今からアマゾンやグーグルを超えるスマートスピーカーを開発し、普及させることは難しいでしょう。日本語は独特ですが、各テクノロジー企業は日本オフィスで日本語での開発もしているので、これから挽回《ばんかい》する手は、研究と開発に相当力を入れるか、日本語に特化したスマートスピーカーなどを開発したベンチャー企業などを買収するぐらいでしょう。

今の流れでは、日本の家電メーカーは、アマゾンかグーグルか、どちらかのスマートスピーカーに対応する選択を迫られることになります。実際、LGエレクトロニクスやサムスン電子といった韓国の家電メーカーは、アレクサやグーグルアシスタントに対応した家電を次々と発表しています。

また、アレクサを搭載したアマゾンのプライベートブランドの家電は、同等の性能を持った他社の家電よりも安価です。

自社で販売チャネルや流通網を持っていることも安くできる理由ですが、家電から得られるデータの収集や、アマゾンのOSで家電を揃えるクロスセルの機会を作るのはもちろん、アマゾンプライムに入ってもらうことが本来の目的だからです。

家電メーカーは、家電量販店やアマゾンなどのECに製品を置いてもらう必要があります。自社で直接エンドユーザーまで配送できる流通網も持っていません。どうしてもアマゾンよりもコストがかかります。加えて、アマゾンプライムのような別の収益源も持ち合わせていない。

さらに、台湾メーカーなどがより台頭することで、今以上に価格が下がり続けます。そのような状態になっても、家電だけを売り切りのビジネスモデルで開発・製造していて、果たして生き残ることができるのか。私は難しいと考えています。

生き残りの形はいくつかあります。

一つ目は、裏方に徹すること。シャープを買収した鴻海《ホンハイ》(フォックスコン)がｉＰｈｏｎｅなどの製造の下請けで成長したように、いわゆるＥＭＳ(Electronics Manufacturing Service)に徹するのです。

もう一つは、アップルのように、デザインやソフトウエアで他のメーカーを圧倒するような斬新な製品を開発することで、差別化を図る戦略です。ソニーなどはこの戦略で、法人、特にプロが唸《うな》るような製品を開発していますし、実際、市場からの評価も得ています。

日立製作所やパナソニックのように、エンドユーザー向けの家電はあくまでブランディングや広告として捉え、利益は法人向けサービスを柱として得ていくという戦略もあり得るでしょう。

社内ベンチャーを生む体制を整備することも必要です。富士通から生まれた(スピンアウト)ファナックやソニーがきっかけで生まれたエムスリーが、ともに時価総額約５兆円の巨大企業に成長したのはいい例です。

今から未来のトレンドを察知し、研究開発だけに投資すると、成果が出るまでに相当な時間がかかります。もしかしたら、その種は発芽しないかもしれません。ベンチャー投資を通じた社外ベンチャーの買収から、社内ベンチャーのスピンアウトまで、できる施策は財務的に余裕があるうちにすべて打っておく必要があるでしょう。

❖エンジニアファースト、ソフトウエアファーストな体制に

第2章でも触れましたが、家電メーカーに限らず、日本メーカーで一番問題なのが、いまだにハードウエアファーストな思考が根づいている点です。取締役の構成、出身、経歴を見ていただければわかるのではないでしょうか。

米国では、ソフトウエアやシステムを開発するエンジニアの7割は、事業会社、つまり、メーカーに在籍している自社の従業員です。そのため、新しい製品の開発段階からプロジェクトに加わり、ソフトウエアファーストな目線で、時代に合致した製品やサービスを開発していくことが可能です。

一方、日本企業は米国と真逆です。7割のエンジニアは外部のSIerなどに在籍し、言ってみればメーカーからの下請け業務が主です。つまり、ハードウエアのほうが主で、ソフトウエアをおまけのように扱っています。

現在、重要なのは、ソフトウエアやインターネットの情報、データ活用を通じて、「消費者が便利に思う体験をするために、どのようなハードウエア設計が一番か」を考えるという、逆の関係です。

ソフトウエアエンジニアがトレンドを知っていたとしても、斬新なアイデアを発言し、顧客に納得してもらう説明コストが高く、創造力を発揮する場が少ないのは、もったいない。このような体制や環境では、新しいサービスや製品が生まれにくくなります。

LGエレクトロニクスやサムソン電子も米国と同じような体制で、設計段階からソフトウエアエンジニアが意見を出しています。

事業会社のソフトウエアエンジニアの待遇や就業環境が好ましくないことも問題です。優秀なエンジニアになればなるほど、GAFAなど、エンジニアが居心地よいテクノロジー企業で、開発の上流に携わるキャリアを選択しています。

日本でも、ソニーは、トップが舵取りをして、ハードウエアファーストの思考からシフトし、ソフトウエアファーストに、かつ、金融子会社を非上場化し、元金融庁長官をシニア・アドバイザーに招いて、売り切り型のビジネスモデルからサブスクリプションや金融を含めた多様な収益体制へ移行できる経営体制に刷新しました。

斬新な製品を次々と発表しているアイリスオーヤマや、家電メーカーではありませんが、ニトリ、ユニクロなども、トップがＡＩも含めたテクノロジーのトレンドをしっかりとキャッチアップし、経営陣と相談した上で、トップダウンで一気に、戦略を大きく振り切っています。

明確なビジョンを持ち、どのような未来を想像していくのか。その答えをはっきりと持っているのも、これらの企業に共通している特徴であり、大いに参考にすべきです。

第6章

メディア

日本の動画配信サービスはネットフリックスに対抗できるのか？

写真：ZUMA Press／アフロ

❖世界2億人以上の動画視聴の「データを制する」ネットフリックス

デジタル化という観点で見ると、メディア業界は、金融業界と並んで、大きな転換期を迎えている業界の筆頭です。

以前であれば、放送免許に守られていた業界です。言い方を変えると、縛られていたために自由に動けませんでした。

しかし、テクノロジー企業が、データとデジタルを武器に、そのような状況を瞬《また》く間に変革しています。気づけば、テクノロジー企業が構築したメディアのほうが使いやすいと、多くの利用者を奪われる状況になっています。

そんなテクノロジー企業の代表が、ネットフリックスです。

ネットフリックスは190カ国以上でサービスを展開し、有料会員数が2億人以上もいます。インターネットにつながってさえいれば、いつでもどこでも、多種多様な番組を楽しむことができることから、世界最大級の動画配信メディアに成長しました。

ひと昔前であれば、映画を頂点に、テレビ、ラジオ、その後にネットフリックスやユーチューブなどのネットメディアが続く、というのがメディア業界の構図でした。

しかし、今ではこのような上下関係はなくなりました。それぞれのメディアが並列になり、個別に特徴や個性を出し合っています。

これは、視聴者のニーズを考えれば当然です。

視聴者にとっては、映像コンテンツを観ることが目的であり、媒体やメディアは何でもいい。電波で放送されているものをテレビで観ようが、インターネット回線で配信されるものをパソコンやスマートフォンで観ようが、どちらでもいいわけです。しかも、以前であればテレビのほうが高画質でしたが、今では光回線や5Gといった高速回線が整備されていますから、画質についても、寝転びながら観られるスマートフォンやタブレットのサイズでは違いがありません。

そうなると、インターネットにさえつながっていれば、どこにいても、いつでも、世界中のありとあらゆるコンテンツがクリック一つで観られるオンデマンドメディアのほうが、視聴者にとって利便性が高い。番組表をチェックして、観たい番組をレコーダーに予約録画する必要もありません。

この利便性によって、ネットフリックスは動画メディア業界を席巻しています。

そして、どこのシーンが繰り返し再生されているのか、逆に飛ばされているのか、といったデータを収集して、視聴者の嗜好を探ることで、よりよいコンテンツの制作に活かしています。

ディズニーもネットフリックスに続いています。

おそらく、ディズニーはネットフリックスの急成長ぶりを脅威に感じたのでしょう。ネットフリックスからはかなり遅れましたが、2019年11月に「ディズニープラス(Disney+)」という動画配信メディアをスタートさせました。

コロナ禍による巣ごもり需要の影響もあり、みるみる会員数を増やしていき、サービス開始からわずか1年4カ月後の2021年3月には有料会員数が1億人を突破。もともとあったディズニー映画やファミリー向けに人気のコンテンツを社会のニーズに合わせて提供の仕方を変えた戦略の成果と言えるでしょう。

一方で、インスタライブのような、ライブ配信の動画コンテンツの魅力もあります。ただし、双方向性がなければ、ライブ配信の意味が薄れます。

今のテレビのリモコンにも、赤や黄色などのボタンがあり、それらを押すことで番組に参加できるようにはなっていますが、使い勝手が悪すぎます。

他の動画配信メディアでは当たり前に備わっている「いいね」ボタンやコメント機能も盛り込めますし、2021年2月に一時的に人気になった双方向性ラジオとも言える「クラブハウス(Clubhouse)」の映像版も、やろうと思えばできます。ある程度「面白い」「まとも」と思える視聴者のビデオ参加を、番組のスタッフがリアルタイムに活用すれば、テレビの生放送の価値が高まり、需要も高まるでしょう。

❖「アマゾンプライム・ビデオ」の次の戦略は？

ネットフリックスと同様のサービス「アマゾンプライム・ビデオ(Amazon Prime Video)」を展開しているアマゾンですが、今のところ、ネットフリックスと比べると、大ヒットしたオリジナルコンテンツが不足しており、アマゾンプライムの会員に向けたお得なサービスに見えます。

しかし、吉本興業とコラボレーションしたり、『バチェラー』といった尖《とが》ったコンテンツを日本向けに独自に制作したりしている姿勢も見せていますから、今後、日本向けコンテンツでヒットが連発すれば、ネットフリックスのような日本における巨大メディアの一つに成長する可能性も十分あります。

その際には、アマゾンが持っている独自のクラウドサービス、ＡＷＳも配信の強みになるでしょう。

例えば、アマゾンプライム・ビデオで配信している映画の主人公が着ている衣装を、ワンクリックで購入できるようなサービスを提供するかもしれません。アマゾンでの購入に誘導するだけでなく、他の販売チャネルへ誘導して、そこから広告料をもらうこともできるでしょう。

このように動画視聴以外で収益を得るビジネスモデルが構築されれば、アマゾン家電などと同じく、月額費を下げることも可能ですから、ネットフリックスにも十分対抗できる可能性があります。

❖テレビ番組をそのまま配信しても魅力は伝わらない

日本のテレビ局もオンデマンドドメディアが世界のトレンドであることはわかっていて、実際にその事業に乗り出しています。しかし、その配信アプリが使いにくく、利便性ではネットフリックスやディズニープラスとは比較になりません。テレビで放映したコンテンツをそのまま流しており、データの活用も最大化されていません。ネットフリックスやディズニープラスがしているように、インターネット環境で観ることに最適化したメニュー画面や、プラスアルファの特典をつけるといった工夫をするべきです。

将来的には、例えば、好きな俳優が出ているシーンだけをＡＩで画像認識して、簡単にワンタップで多くの番組の一部をかいつまんで視聴することもできるでしょう。

視聴できる期間が限定されているのも問題です。著作権などの問題があるので難しいところもあるのでしょうが、期間を限定して独自のオンデマンドメディアで配信するのではなく、幅広いユーザーが利用しているメジャーなプラットフォームで、いつでもどこでも観られる仕組みを構築するべきです。ＮＨＫのドキュメンタリー番組など、質の高いコンテンツは数多くあるのですから、視聴者の視点に立った配信方法や配信に関わる法律を改めて考える余地があります。

❖マスではなくニッチで尖った番組を多く作るべき

テレビを観ているのは、基本的には年齢層が高い方です。そのため、テレビ局はこの層が好む番組を作る傾向にあります。一方で、若い人が好むようなバラエティ番組なども制作しなければなりません。民放の場合、制作費の原資はＣＭを放映している企業や団体からのスポンサー料ですから、彼らの意向を汲《く》み取る必要もあります。

このようなさまざまなしがらみや変数があるからでしょうが、昨今のテレビ番組を観ると、どこか万遍《まんべん》なくと言うか、ターゲットが明確でないケースが多いように感じます。

現場の方々は番組制作のプロフェッショナルですから釈迦《しゃか》に説法だとは思いますが、実際にテレビを観ている側からすると、高齢者に特化したコンテンツにするのか、あるいは、若い人向けのコンテンツを制作して再びテレビに視聴者を戻すのか、現場の人たちが悩んでいるように思えてなりません。

高齢者向けのコンテンツだけを重視している状態が続けば、テレビという物理的なメディアは、確実に淘汰されるでしょう。高齢の視聴者が減っていくことは確実だからです。

ネットフリックスのコンテンツを観ていると、そのあたりの戦略も含めた、コンテンツの制作スタイルが明確です。さまざまな層に向けて、それぞれに合ったコンテンツを豊富に用意しています。マスではなくニッチだけれども、コンテンツ数が多いために、結果として多くの視聴者から評価されているのです。

2億人を超える有料会員からの会員費が番組制作の原資のため、誰かに忖度《そんたく》することなく、自由に、視聴者が喜びそうな番組を制作することができます。ですから、テレビでは放送できないような尖った番組も数多くあり、そのようなコンテンツを好む人がさらに入会する。このような好循環で、世界最大級の動画配信サービスに成長したのです。

制作費に関しては、日本の民放各局は数百億円で、さらに下がる一方なのに対し、ネットフリックスは約1兆5000億円。差は歴然です。ネットフリックスは、今後もよりよいコンテンツを充実させていく足場ができています。

しかも、会員費には値上げの余地があります。数年に1回値上げをしていますが、会員が満足のいく番組を作れていたら、会員は残ります。収入は会員費×会員数ですから、会員費の値上げ率に比べて会員の離脱率（チャーンレート）が大きくなければ、（例えば、値上げ率が10％なら、離脱率が「1－1／（1＋値上げ率）＝約9％」より大きくなければ）、総収入は伸びます。

この会員費に対しての離脱率の係数（経済学でいう弾力性とも言えます）は、コンテンツへの満足度が関係するので、値上げによる予算拡大が、アプリの操作性やレコメンデーションの向上、番組クリエイターのヘッドハンティングやコンテンツの買収、番組予算拡大など、番組の質の向上や視聴者の満足度につながれば、ある程度までは利益（総収入－費用）が伸び続けます。

会員の種類をスタンダードからプレミアム（同時視聴デバイスの台数の増加、高画質など）に設定することにより、さらに個々の視聴者の満足度を上げることもできるでしょう。

こうすると、他の動画サービスはなかなか対抗しにくくなるわけです。

特に、テレビなどのように評価指標を世帯視聴率やコア視聴率だけにしていると、視聴者を薄く広く満足させるほうを優先してしまうため、「有料でも、自分に最適な番組を、好きなタイミングで観たい」という層はネットフリックスに流れてしまいます。

資金があり、自由にコンテンツを作れる。このような環境を魅力に感じ、優秀なクリエイターが次々とネットフリックスに移っています。給与も高額です。外資系企業ですから、結果を出せなければ下がるでしょうが、腕に自信はあるのに会社の規定などでモヤモヤしているクリエイターは次々と移ってしまいます。

ネットフリックスのように、ニッチな視聴者に届く番組を数多く制作するという、番組制作能力に特化することが、日本のテレビ局が生き残る術《すべ》の一つでしょう。99％の人は興味がないかもしれないけれども、１％に届くコンテンツを１００個作れば、結果として全員が満足する。そういう思考のシフトが必要です。

前述のように、番組を届ける方法も、テレビ放送にこだわらず、インターネットで、いつでもどこでも気軽に見られるプラットフォームを主に利用するべきです。

❖ABEMAやティックトックも注視するべき

ニッチな番組制作においては、国内では「ＡＢＥＭＡ」が参考になります。

コンテンツを制作しているのはテレビ朝日のスタッフが中心ですが、発言が過激なコメンテーターを登場させる討論番組など、テレビ朝日では流せないような、ニッチで尖った番組を配信しています。

麻雀をしている様子を24時間放映している麻雀チャンネルや、格闘技だけを流すチャンネルなどもあり、ニッチそのもの。

サービス開始から長年赤字が続いていましたが、新型コロナウイルスによる巣ごもり需要もあり、アプリのダウンロード数は5200万人を突破しました。1週間当たりの利用者数は約1500万人と、着実にメディアとしての存在感を発揮してきています。おそらく、数年後には黒字化を達成するでしょう。

同時に、注視するべきなのが、時価総額が約40兆円（億円ではありません）と報道されている中国のベンチャー企業、バイトダンス（ByteDance）が運営する動画アプリ「ティックトック（TikTok）」です。アジア発で、これだけ米国でヒットしたアプリは、なかなかありません（「ポケモンGO（Pokémon GO）」はサンフランシスコのナイアンティック（Niantic）という企業が運営しています）。

アプリを開くと自動的に動画が流れ始め、スワイプしていくと次々と動画が流れるアプリの設計は非常に斬新です。

ユーチューブは、検索するか、関連の動画として候補に上がらなければ、なかなか視聴者数が伸びませんが、ティックトックにおいては、AIを使いながらも、ある程度ランダムに動画を配信しています。10秒程度の短尺動画なので、人に観てもらいやすいのです。

大学生などの世代は、顔出しで、どんどん面白い動画をアップロードして、世間での評判を楽しんでいて、ユーザーが作ったコンテンツが級数的に増えています。

動画は、一部のプロが作るものももちろん素晴らしいのですが、同時に、素人が作る100個のうちの1個でもキラリと光るものがあれば、視聴者のニーズを満たします。これからも、世界規模で何億人というクリエイターの卵の才能を引き出していくでしょう。

❖新聞もマスからニッチに、紙からデジタルにシフトする

新聞や雑誌といったプリントメディアも、動画メディアのトレンドと同じ動きをするでしょう。ニッチな領域でも、高い取材能力を持ち、良質な記事を書ける記者やデスクを抱えているメディアが生き残ります。言い方を変えると、誰でも書けるような記事ばかりを掲載している新聞や雑誌は徐々に消えていくでしょう。

速報性はインターネットのほうが速いのは当たり前です。ウェブやアプリに、インテリジェンスか、動画や図解も含めたわかりやすさに富んだ記事を掲載すれば、地方の新聞社であっても、しかるべき読者に届けることができますから、チャンスだとも言えます。

逆に、これまでブランド力だけで部数を稼いでいたマスメディアは、これからは厳しくなるでしょう。生き残るためには、自社の洞察をより強化して、特定の読者に向けて特化すること。そのための編集体制にシフトする必要があります。

『ワシントン・ポスト』がいい例です。

デジタル化の波で新聞社が軒並み業績を落としていく中、同紙はアマゾンの創業者、ジェフ・ベゾス氏によって買収され、奇跡的な業績回復を成し遂げました。

ベゾス氏は何をしたのか。

デジタルに強いアマゾンの創業者がオーナーになって知名度が高まったとともに、まず、ニュースの届け方を変えました。紙面を想定して記事を書き、紙面のものをデジタルに流すのではなく、基本的にはデジタルが先で、紙面を補助的な役割に変更しました。

そうすると、表現の仕方が大きく変わります。新型コロナウイルスの感染拡大が始まった頃の2020年3月17日に『ワシントン・ポスト』が公表した、実際にプログラミングが動く感染増加のシミュレーションの記事を見られた方も多いかもしれません。とてもわかりやすく、紙面では体験できない説得力が実現されています。

これも、ニッチ層を満足させる取り組みの一つです。このような、一部が深く感心する記事を大量に生産し、その結果、一地方紙であった『ワシントン・ポスト』は、デジタルの力によって一気に購読者を増やしました。

ビジネスパーソン、特に50～60代の方たちの中には、紙の新聞が中心の人が多いですが、デジタルならば、どの記事がどの程度読まれて、どのような読者がどういった反応をしたかまで、理論的には知ることができます。

キンドル（Kindle）には気になった箇所を蛍光ペンでマーキングできる機能があり、何人がその箇所をマーキングしたかがわかるようになっています。新聞の場合も同様で、もし属性の情報もあれば、自分と同じような人はどこに関心があるかがわかりますし、それに最適化された記事の推薦もできます。

さらに、自然言語処理と閲覧データ、満足度のデータを組み合わせれば、どのようなトーンの文章の記事が読まれやすいのか、納得感があるのか、という分析もできます。

紙での紙面構成も、読まれる数の最大化のために編集長が「これが重要だろう」と考えた仮説を反映しているため、参考にはなります。紙面構成は、記事の内容自体よりも、編集長による各トピックの扱いや優先度を知りたいから補助的に読むという形になりつつあります。特に海外の新聞との1面の構成の違いを見ると、グローバルなトレンドと日本のトレンドが合致していないことが往々にしてあるので、そのギャップを知ることが大事です。ビジネスパーソンとして知っておくべき内容が、日本の新聞には載っていないこともあります。

テクノロジー関連の記事は、国境を越えて重要なはずですが、英語のメディアでしか詳細を読めなかったり、実際にビジネスにどうインパクトがあるかを伝えていなかったりするケースが多々あります。

日本のマスメディアで1面のトップ記事で取り上げられているからと言って、その話題がグローバルではトレンドでないことは、よくあるのです。自分の知りたい情報を的確に、かつ、洞察を含んで発信しているメディアを、国内だけでなく海外のメディアも含め、インターネットで広く浅く知っておくという「深さと広さのT字型の情報収集」が必須です。海外の情報収集は、特にインターネットにより、ずいぶん楽になりました。

❖電子化したプリントメディアの二つの収益源

電子版へのシフトにおいては、大きく分けて二つの方向性があります。

一つは、既存の大手プラットフォームに記事を配信する形で、とにかく読者を増やしていく戦略です。

２０２０年10月、グーグルは、世界各地の２００ほどのメディアに記事の使用料を支払い、各メディアの独自記事を自社のメディア「ニュース・ショーケース(News Showcase)」に掲載することをアナウンスしました。

つまり、各メディアはグーグルから得た資金で取材を行ない、記事を書いて、グーグルに掲載するということです。テレビ局がＣＭスポンサーに配慮して番組を制作するように、記事にバイアスがかかるという懸念は少しありますが、今後のメディアの新しいトレンドを表すトピックです。

もう一つの方向性は、自社独自でデジタルプラットフォームを構築し、料金を支払ってくれた読者だけが記事を読めるようにする戦略です。一定数の記事は無料にして、それを超えると料金がかかるようにしているメディアもあります。広告とミックスするやり方もあります。

ネットフリックスは、独自のプラットフォームをゼロから立ち上げて成功しました。プリントメディアでも、『ニューヨーク・タイムズ』などは紙よりも電子版の売上が勝《まさ》っていますから、DX（デジタルトランスフォーメーション）に成功していると言えます。

❖音声メディアが生き残れるかもコンテンツ次第

音声メディアと言えば昔はラジオでしたが、ポッドキャストやstand.fm（スタンドエフエム）、クラブハウスなど、多様な音声メディアが登場しています。

クラブハウスは、米国で誕生し、ドイツでブレイクしました。コロナ禍で自宅にいる時間が多い中、テクノロジーのインフルエンサーが行なうクラブハウスの配信が人気を博し、ブームの起爆剤となりました。

その後、日本でも、メディアに登場したり書籍を執筆したりしているような著名な経営者や芸能人の話が聞け、運がよければ話せると評判を呼び、瞬く間にトレンドに。米国でもイーロン・マスク氏が登場したことで、一時期、人気が過熱しました。米国は車社会ですから、移動中に多くの人が音声メディアを聞いている土壌があったことも、ブームになった要因です。

今後、リスナーはどの音声メディアを選ぶのか。

これまで繰り返し述べてきたように、聞きたいコンテンツがあり、気軽にアクセスできるかが重要になります。

クラブハウスは、基本的に生放送であるため、スマートフォンの通知を押せばすぐに参加できるという手軽さがありました。同じように、ワンタッチで好きな著名人の配信にアクセスできるようなアプリや、スマートスピーカーで聞けるなど、アクセスの多様化が鍵になってきます。

第7章

ゲーム

世界に誇る日本の「任天堂」がとるべき道とは？

写真：アフロ

❖ゲーム機は不要に。クラウドゲーミングにシフトする

これまでのゲーム業界は、『ファイナルファンタジー』や『マリオ』シリーズといった、人気の高いコンテンツに引っ張られる形で、特定のゲームを遊ぶことのできるゲーム機、つまりハードウエアが売れるという構図でした。

そのため、ゲーム機を開発している企業は、いかにして人気コンテンツを自社のゲーム機で発売してもらうかに懸命でした。その競争に負け、淘汰されていったゲーム機やゲーム会社も少なくありません。

しかし、今のゲームのトレンドは「クロスプラットフォーム」です。一つのデバイスだけで遊ぶのではなく、複数のデバイスで遊べるというものです。

その中でも今後を左右するのが、クラウドゲーミングです。

クラウドゲーミングとは、これまでゲーム機が行なっていた複雑な処理をクラウドサーバーで行ない、処理した映像をプレイヤーの端末にストリーミング配信するものです。動画サービスのユーチューブ上でゲームができる感覚と言えばわかりやすいでしょうか。

従来のゲーム機のように、遊びたいタイトルのディスクやカードを入れ替えたり、ネット上からダウンロードしたりする操作は不要です。

バージョンが変わった際のアップデートも必要ありません。プレイヤーが遊んでいるのと並行して、開発者が制作し、でき次第、反映できるからです。これまで遊んでいたタイトルに、突然、新しいキャラクターが登場したり、新たなステージが構築されたりといったことが起きる世界観です。

必要なのは、ネット環境につなぐデバイスをテレビに挿《さ》してコントローラを持つことだけです。タイトルによっては、スマートフォンがありさえすれば快適に遊べます。

処理をクラウドサーバーで行なうため、大勢のプレイヤーが同時に楽しむこともできます。ゲームの様子の実況中継が手間をかけずできますから、プレイヤーとしてではなく、視聴者として楽しむという新たなトレンドも生まれています。

ゲームの実況中継をサービスとするベンチャー企業も生まれているほどで、アマゾンはそのサービスを手がけるツイッチ（Twitch）という企業を約１０００億円で買収しました。おそらく今後は、面白いプレーをしたプレイヤーに視聴者が投《な》げ銭《せん》を行なえるような、プラスアルファのサービスも展開していくことでしょう。

エピックゲームズの『フォートナイト(Fortnite)』というゲームが行なっているように、実在のアーティストが、ゲームの中でライブをすることも可能です。

❖プラットフォームを誰が握るかの争いに

クラウドゲーミングは、ネットフリックスのようなストリーミングのサービスの一つとも言えます。

ネットフリックスがストリーミングのプラットフォームとして成長したように、クラウドゲーミングでも、ゲームをストレスなく遊べるプラットフォームを形成した者が勝ちます。

GAFAの中でも、自社でクラウドを持っているグーグルは「スタディア(Stadia)」、アマゾンは「ルナ(Luna)」というプラットフォームを運営しており、すでにクラウドゲーミング市場に進出しています。

同じく自社でクラウドを持っているマイクロソフトも「プロジェクト・エックス・クラウド(Project xCloud)」というプラットフォームを運営しています。

また、ゲーム機向けの半導体を製造するNVIDIAは、ソフトバンクとともに、「ジーフォースナウ（GeForce NOW）」というプラットフォームを立ち上げました。

❖任天堂はゲーム業界のネットフリックスになるべき

日本のゲーム会社の雄、任天堂は、現時点ではクラウドゲーミング市場に参入していません。彼らのビジネスモデルはゲーム機の販売による収益が大きいですから、そのパイを減らしたくないというジレンマがあるからでしょう。

一方で、クラウドゲーミングに対抗するような姿勢も垣間見えます。『Ｗｉｉ　Ｆｉｔ』やＳｗｉｔｃｈの『リングフィット　アドベンチャー』など、センサーを内蔵した専用のコントローラを使った、ゲームをしながら同時にフィットネスも楽しめる各種コンテンツの開発です。

スマホアプリゲームが台頭してきたときも、任天堂は当初、頑《かたく》なにスマホアプリゲームの提供を拒んでいました。任天堂らしさ、ブランディングという観点もあったと思いますし、アプリを配信するプラットフォームの中に埋もれることが、彼らの意図するところではなかったのでしょう。

しかし、スマホアプリゲームのトレンドの波は大きく、その後、スマホアプリゲームをリリースしています。

このような動きから考えると、任天堂は、クラウドゲーミングが普及すれば同分野に進出すると、私は見ています。

ただ、日本ではクラウドゲーミングがそれほど大きなトレンドになっていませんし、米国でもまだ大ヒットしているわけでもないので、米国の消費者の動向やニーズを注視しながら、いつから開発に本腰を入れ、そして実際に発売するのか、様子を窺っていると思われます。

技術的な要因で、まだ遊びにくい部分もあり、消費者の満足度が上がるにはあと数年は時間がかかるかもしれません。その間に、『フォートナイト』など、もともとクラウド仕様のゲームがシェアを伸ばし続けてしまうかもしれません。

そういった意味でも、任天堂はクラウドを活用したゲームを検討する余地があるように見えます。現在のＳｗｉｔｃｈで過去のゲームを安くダウンロードして遊ぶことはできますが、よりスムーズに、ダウンロードしなくても遊べるようにするか、もしくは、Ｓｗｉｔｃｈそのものが必要なくても遊べるゲームの開発に伸びしろがあるかもしれません。任天堂ならではのクラウドゲーミングプラットフォームを構築し、世界のゲームファンに任天堂の魅力や価値を、改めて届けてもらいたいと、個人的にも期待しています。

任天堂には、これまでに開発してきた数々の名タイトルがずらりと並ぶ一方で、最新のタイトルも取り揃えている、ゲームのネットフリックスのようなプラットフォームになれる可能性があるのです。かつてのファミリーコンピュータは約６０００万台販売され、世界を席巻し、まさにゲームのハードウエアとしての世界のプラットフォームになった時代がありました。そのオンライン版になれる可能性を持っています。

『フォートナイト』に米津玄師《よねづけんし》さんが登場したように、『あつまれ どうぶつの森』に実在のタレントを登場させるような演出も可能です。そして、その様子を実況中継するという楽しみ方もできます。

利用は、ネットフリックスと同様に、複数のプランで定額。好きなゲームを、好きなだけ遊ぶことができる、サブスクリプションになるでしょう。ある意味、消費者の余暇の時間は一つしかないので、動画を観てもらうか、ゲームをしてもらうか、ネットフリックスとの消費者の時間の取り合いになるかもしれません。ネットフリックス自体がクラウドゲームに参入する可能性もゼロではありません。２０２１年5月にはゲーム事業の幹部を採用することを検討しているという報道が出ています。

ただし、クラウドゲーミングのためにはクラウドが必須ですから、任天堂単体での開発は難しいかもしれません。実際、ソニーが、ゲーム機ではライバルだったマイクロソフトと組んだのは、彼らのクラウドを利用する目的がありました。

任天堂はＳｗｉｔｃｈのソフトウエアのダウンロードでＡＷＳを利用していますから、その延長線上だと、おそらくアマゾンと組むのではないかと予測しています。とはいえ、先述したように、アマゾンはすでに独自のプラットフォームを展開していますから、どこまで協業するのか。このあたりの動きも、今後、注視する必要があります。

第8章

農業

GAFAは未参入。市場を制覇するのは誰か?

写真：アフロ

❖GAFAのうち、農業に進出する可能性が高いのは？

農業もデータの利活用が重要な業界です。

データの取得は、農業機械からはもちろん、地面に挿し込んだ特殊なデバイスや、ドローンのカメラなどからも行なわれます。土の成分や水分量、微生物など、多種多様なデータを取得し、解析することで、これまでは勘や経験に頼っていた種まきや収穫、施肥《せひ》、農薬散布などの時期を最適化し、より効率的に、より多くの収穫量を得られるようになります。また、微生物の活用や品種改良など、データを使いながら最適化する余地は大きいのです。ゲノム解析のコストが下がったことも後押しになっています。

今後はさらに、AIを搭載した農業機械が、データを活用しながら、自動で稼働するようになるでしょう。例えば、AIとカメラを搭載したトラクターが、畑の状態を正確に把握しながら、どのような耕し方がベストなのかを考えて、無人で畑を耕すのです。

しかし、データ活用に強いGAFAの中に、現時点で農業への参入を明言している企業はありません。彼らが行なっている事業と比べると、農業は利益率が低く、加えて、天災や食中毒などのリスクも高いためだと考えられます。

しかし、その中では、アマゾンが農業に進出する可能性が比較的高いと思います。

アマゾンは２０１７年に高級食料品を扱うスーパーマーケットチェーン、ホールフーズ・マーケットを買収しました。各店舗でどのような食料品が売れているか、アマゾンには膨大なデータが集まっているはずですから、顧客のニーズに合致した農産物を生産すれば、高い確率で売れることが目に見えています。

流通という観点から考えても、アマゾンが持つ圧倒的なロジスティクスを活用すれば、ありとあらゆる場所に、スピーディーに農産物を届けることが可能です。

理論的には、近年の農業技術の発達により、屋内、例えばアマゾンの倉庫の中や隣、もしくはホールフーズ・マーケットのような高級スーパーの中でも、人工の光で作物を作ることが可能です。採れたてのイチゴなど、高付加価値の食材から卵まで、多くの種類の農産物を即日配送することが可能になりつつあるのです。

ただ、進出するとしても、アマゾンがゼロから農業を行なうという方法だけではなく、既存の農家にアマゾンの持つテクノロジーを提供するというアプローチもとるでしょう。

アマゾン製の冷蔵庫が本格的に広まれば、冷蔵庫の中に何が入っているかのデータも、アマゾンは収集できます。各家庭の食の好みや、ふだん何を食べているかまで把握し、プライバシーに配慮しながら、どういった食材が顧客に合うのかを把握することが可能になるわけです。例えば、「こういった食材を食べている人には、ここの農家の作物が人気です」とお勧めすることもできるでしょう。

❖スマート農業を牽引する穀物メジャー「カーギル」

データを利活用したり、AIを搭載した無人の農業機械を使ったりする農法は、総称して「スマート農業」と呼ばれていて、米国ではすでに広く行なわれています。

微生物を使ってビジネスモデルを変革する急成長中のスタートアップもありますが、規模で牽引しているのは、穀物メジャーのカーギル(Cargill)などです。

カーギルは、穀物の生産だけでなく、酪農など、幅広く農業を展開していて、その多くのシーンでデータやAIを活用しています。例えば酪農では、牛にどの程度餌を与えれば、どれほどのミルクが搾《しぼ》れるのかをデータ化しています。ブロックチェーンの技術を使って、流通を追跡するシステムも開発しています。

カーギルは、このような技術を、ベンチャーの買収や外注に頼り切るわけではなく、自社で内製もしています。

データの取得や分析、AIを活用した事業の実現においては、GAFAに分があります。それは、当然、カーギルもわかっているはずです。しかし、自分たちで考えた、テクノロジーを活用したビジネスのビジョンなしに、GAFAに頼りすぎると、最初は協業という形で進むでしょうが、ある程度その事業がうまくいくとわかった時点で、協業を解消される懸念があります。

頼り切るのではなく、内製化を目指して協業するのが正しい道でしょう。

❖データ活用でコンサルティングまで行なう「コマツ」

建設機械を自動化し、そこから得たデータを活用したビジネスを展開している日本のコマツも、カーギルと同じく、テクノロジーの開発を内製で進めています。

コマツは以前より、自動で動く建設機械など、いわゆる「ICT建機」の開発を進めてきました。そうして得たノウハウを、2018年ごろから農業にも展開しています。

コマツは、建設機械から得たデータを活用したコンサルティングサービスも手がけています。これまでのデータをもとに、鉱山から発掘される鉱物などの産出量を推定。その推定量をもとに顧客と契約を結ぶ、というものです。顧客にとって一番のポイントは、どれくらいの量の鉱物を採掘できるかですから、顧客のニーズを捉えた画期的なサービスだと言えます。

このコンサルティングサービスは、農業にも応用できると考えられます。農業機械メーカーが、農業機械から収集した大量のデータを分析し、畑の収穫量を推定して、農家に対して保証するのです。

コマツは他にも注目すべき取り組みを行なっています。山で木を伐採する機械にクラウドカメラを搭載し、撮影した画像データを、クラウドを介してデータベースと照合して、いくらの値《ね》になるのかを瞬時に算定できるシステムを開発し、実際に現場で使用しているのです。

このシステムも、農業でも活用できるでしょう。

例えば、クラウドカメラでイチゴの日々の状態をチェックして、その時々の市場価格をリアルタイムで算定します。そして、最も高値がつきそうな状態のときに収穫するのです。

別のビジネスモデルも浮かびます。収穫前のイチゴの事前予約システムのようなサービスです。

インターネットオークションのようにして、収穫前のイチゴを競《せ》り合うこともできるでしょう。現在は大田市場などのリアルな市場で行なわれている競りが、オンライン上で、しかも収穫前に行なわれる可能性があるということです。海外のバイヤーも参加するかもしれません。

このような未来の姿は、漁業でも起こり得ます。魚が船に釣り上がった瞬間に、クラウドカメラを通して、インターネット上の競りで瞬時に売買されていくのです。養殖魚であれば、養殖場の中を泳いでいる段階で値段がつけられます。

❖建物の中で高級イチゴの「垂直農法」をするベンチャー企業も

テクノロジーを活用して、都会のビルの中で農業を行なうベンチャー企業も現れています。

イチゴなどは収穫してから時間が経つとフレッシュ感が下がりますから、産地から消費される場所までの距離はできる限り近いほうがいい。飛行機を使うこともできますが、コストがかさみます。

そこで、郊外の大規模な農地ではなく、都会のど真ん中、もしくは近いエリアで、「垂直農法」を行なっているのです。

作物は太陽光と水がなければ育たないというのが、これまでの常識でした。そのため、ビニールハウスはあっても、畑は屋外にあるのが当たり前でした。しかし、テクノロジーが進化したことで、太陽光の中の作物の生育に必要な波長の光を人工的に作り出すことが可能になりました。その結果、都会のビルの中で農業ができるようになりました。

ビルですから、階数を増やせば、作付《さくつけ》面積をどんどん増やせます。これが、垂直農法と呼ばれる所以《ゆえん》です。

人工的な光は照明のようなものですから、いつ、どれくらいの光量を当てるかも調節できます。もう一つの要素、水についても、簡単にコントロールできます。

さらに、データ×AIによる管理を行なえば、屋外で農業を行なうよりもビルの中のほうが、はるかに効率的に作物を生産・収穫することができることがわかってきました。屋内であれば、イノシシやシカなどの獣害や虫による被害を最小限に抑えることもできます。

垂直農法を行なっている企業には、米国のニューヨーク州の隣、ニュージャージー州でイチゴを栽培しているオイシイファーム(Oishii Farm)などがあります。

ニューヨークでは、クオリティの高いイチゴが手に入りづらいという問題がありました。気候が適していないのでしょう。一方で、高い値段を払ってでも質の高いイチゴを求める高級レストランやグルメな人がいました。

そのため、ニューヨークから遠く離れた生産地から飛行機で、フレッシュで質の高いイチゴを取り寄せていました。当然、高価です。そのような状況を、オイシイファームは打開したのです。

産地が近いからフレッシュであるのはもちろん、徹底的に管理された農法のため、収穫されるイチゴの糖度は一般的なイチゴより高く、中には3倍近い糖度のイチゴも採れるほどのクオリティを実現しています。

オイシイファームの経営者は日本人ですから、このシステムを日本に持ってくることは十分に考えられます。

日本でも大手人材企業が大手町のビル内で農業を行なっていたことがありましたが、今のところは本格的な利益を占める事業とはなっていません。しかし、オイシイファームの動向を見ていると、大手町で生産された高級イチゴが丸の内や銀座の高級レストランで味わえる未来がイメージできます。

ただし、垂直農法に向いているのは、イチゴのような商品価値が高い高級品で、傷《いた》むのが早い農産物に限ります。米のような作物は、田舎の広大な水田で作ったほうが効率的です。

都心のビル内の垂直農法では味が落ちやすい高級農産物、一方、地方の屋外の農場では廉価で大量消費される作物を生産する。そのような二極化が、農業界では進んでいくと思われます。

❖自社ECで顧客と直接つながり、ブランド力を高める

農業に限ったことではありませんが、生き残るためには、ブランド力を高め、価格競争に巻き込まれないことも重要です。現在の自社のブランドを改めて見直し、強みを見極める必要があります。

1粒数百円する高級イチゴを栽培する技術などは、もちろんブランドになりますが、品質だけではありません。注文してから食べる前までの体験も含みます。

例えば、データを駆使することで、短期間に大量の農産物を生産したり、在庫を適正化

したり、あるいは都心に近いといった地の利も、顧客体験の向上につながります。顧客とのタッチポイント（接点）も改めて見直すべきです。

これまでの農産物の流通は、ＪＡがまとめて購入し、小売店などに卸《おろ》すというものでした。ＪＡの規格に沿ったものを生産していれば買い取ってくれるという安心感がありましたが、そのために、品質の高い農産物を生産し、高額で買い取ってくれる先に販売するということは考えられてきませんでした。これでは、せっかく需要を持つ消費者に、高品質で適正な価格の農産物を届けるチャンスを失っていることになります。

自分たちの作った農産物が、最終的に消費者の口に入るまでに、どのような流通経路を通って、どんなストーリーを描くのがベストなのか。これからは農家がそのストーリーを描き、道を開拓する必要があります。

「食べチョク」のような、生産者から消費者に直接農産物を届けるサービスが伸びているのは、このような未来のトレンドを、消費者も生産者も求めているからに他なりません。

農家と消費者をつなぐオンライン上のプラットフォームは、今では数多く乱立しています。新型コロナウイルスの感染拡大の影響で、自宅で料理をする人が増えたことも大きな要因でしょう。

現状では、日本ではオイシックスが一歩リードしているように思いますが、もともとＥ

Cに強い大手IT企業が参入してくることは十分想像できます。アマゾンも、そのうちの1社です。ウーバーイーツも参入してくる可能性があり、産直ECプラットフォームの盛り上がりは、今後、しばらく続くでしょう。

しかし、最終的には、プラットフォームを介さず、自分たちの力だけで直接エンドユーザーに農産物を販売するのが、生産者にとってはファンを作る意味でも理想です。他の生産者と価格で比較されず、最初から自分たちの農作物がトップの候補として検討され続ける状態を作るのです。そのためには、自分たちでECサイトを構築し、マーケティングなどを内製化して運営する必要があります。

第1章で紹介したように、小売業界ではショッピファイやBASEなどで自社のECサイトを構築し、直接顧客に販売する手法がトレンドになりつつあります。このトレンドが、農業でも進むでしょう。

すでに直販をしている農家も多いと思いますが、これから取り組むべきは、電話やFAX、メールなどで注文を受けるのではなく、スマートフォンで簡便に、タップするだけで注文でき、決済も電子でスムーズにできる直販です。

ただし、ECサイトを用意しただけで、マーケティングや決済、配送を地道に改善しなければ、収益化は難しいでしょう。国の予算は逼迫《ひっぱく》しているため、補助金がカットされることも十分考えられます。

結局、仕方なくやるのか、自ら進んで変わるのか、どちらかしかないのです。であれば、後者でしょう。

第9章

食品

日本らしい「こだわり」を持って代替肉のトレンドに乗れ！

インポッシブル・フーズの代替肉（写真：ロイター／アフロ）

❖本物の肉に代わる「代替肉」がトレンドに

本物の肉に代わる、サイエンス・テクノロジーにより開発された「代替肉」が、これからの食品業界におけるトレンドの一つです。

代替肉が世界中に広まると考えられる理由はいくつかありますが、まずは、価格が比較的安いことです。

代替肉の主原料は大豆なので、生育に時間のかかる本物の肉に比べ、はるかに安いコストで製造できます。

ただ安いだけではありません。私も実際に食べたことがありますが、味も本物の肉と遜《そん》色《しょく》なく美味しい。食感も本物の肉そのもので、言われなければ代替肉とは気づかないほどのクオリティのものもあります。

人体に有害な添加物も入っていませんし、栄養的に見ても、植物性ではありますが、タンパク質であることは本物の肉と同じです。食中毒のリスクが本物の肉よりもはるかに低いというメリットもあります。

世の中に出始めたころは、味が今ひとつであったこともあり、それほど大きなトレンドになりませんでしたが、次第に改良され、現在では広く浸透しています。

代替肉市場をリードしているのは、米国のベンチャー企業、インポッシブル・フーズ(Impossible Foods)やビヨンド・ミート(Beyond Meat)、ヨーロッパではオランダのミータブル(Meatable)などです。

インポッシブル・フーズはユニコーン企業の一つに数えられ、時価総額は５０００億円以上にもなります。

ビヨンド・ミートは２０１９年に代替肉メーカーとして世界初の上場を果たし、現在の時価総額は約１兆円にも達しています。

日本の食肉業界最大手である日本ハムの時価総額が約４５００億円(２０２1年6月時点)ですから、代替肉がいかにマーケットから支持されているかがわかります。

現時点で開発されているのは、主に牛や豚、鶏の代替肉ですが、今後は魚など、別の代替肉も出てくると、私は予測しています。実際、代替肉を使った白身魚のフライのような商品は、すでに開発されています。これからは、代替肉の刺身も登場するでしょう。

❖社会課題の解決だけではない「かっこよさ」がポイント

ベジタリアンやビーガンなど、肉や卵を食べない人たちが、最近は日本でも多く見られるようになりました。特に、動物を殺傷することに抵抗のある人たちや、環境への負荷を考えると家畜の飼育はよくないと考える人たちが増えています。

このトレンドは欧米ではかなり以前からありましたが、現在のようなテクノロジーがまだなく、美味しい代替肉を食べることができなかったころは、美味しさを我慢してまでベジタリアンやビーガンになる人は少数に限られていました。

しかし、テクノロジーの力が、この状況を破壊しました。美味しい食事を摂《と》りたい。しかも、環境や社会に対する意識も高い。そんなグルメ好きが、こぞって代替肉を食べるようになっています。その結果、代替肉が広まるトレンドが生まれているのです。

実際、牛は飼育されているだけで、地球温暖化の原因とされるメタンガスを大量に発生させます。家畜を減らすことは、気候変動対策に即しています。

環境問題だけではありません。代替肉は、食料問題や貧困問題など、現代社会が抱える大きな課題の解決にも貢献します。

肉は一般的に高いので、低収入の人たちはなかなか食べることができません。安い給料ではポテトチップスなどのジャンクフードで毎日お腹を満たすしかなく、その結果、不健康になり、ますます高い給料をもらえる仕事に就きにくくなる。このような負の連鎖が生まれています。

本物の肉と栄養価が変わらず、それでいながら安価な代替肉を食べることで、健康になる。そして、活き活きと働くことができ、収入もアップしていく。こうしたことに、代替肉は寄与する可能性があります。

代替肉がトレンドになっているのは、社会課題の解決に寄与しているからだけではありません。シンプルに、「代替肉を食べることはかっこいい」というイメージを、意識の高いグルメ好きが持っていることも大きい。

まずは、パッケージなどの見た目です。環境負荷が低いことはもちろんですが、そのことを全面的に広告するのではなく、美味しさや時代のトレンドに乗った「かっこよさ」を前面に打ち出しています。

米国では、高級レストランでも、代替肉を使った料理をメニューに加えるケースが増えています。中には、特にアナウンスをせず、食べ終わった後に、実は代替肉であることを告げ、顧客を驚かすといった演出をするレストランもあります。

翻《ひるがえ》って、日本ではどうでしょうか。

日本の食品メーカーも代替肉を発売していますが、生産量がかなり少ないのが現状です。現状の製品の売上からすると大したことがないように見えてしまい、級数的に成長する新しいトレンドに強くアクセルを踏み込めない「イノベーションのジレンマ」にはまっているのです。

マーケティングでも、米国と大きな違いがあります。インポッシブル・フーズなどは「代替肉を食べることはかっこいい」というブランディングをしているのに対し、日本企業はエコロジーの部分を強調しています。顧客からは「環境には優しいが、スタイリッシュさを犠牲にしなければならない」という印象になってしまいます。

昨今ブームの兆《きざ》しが見られる昆虫食においても、同じことが言えます。昆虫を食べることで、これから訪れるであろう世界的な人口爆発による食糧危機という大きな社会課題の解決につながることはわかっても、日本で暮らしていては切迫感が湧《わ》きません。もともと違和感のある昆虫食のハードルを越えるに至るには、それなりの理由が必要です。健康や環境を意識した食品というアプローチだけでは、消費者に届かないのです。新しく、試してみたいと思わせる工夫が必要です。

これは食品業界に限ったことではありません。第2章で触れたように、自動車業界でも同じです。ガソリン車と比べるとスピードが遅く、充電も頻繁にしなければならなくて、見た目もかっこよくなければ、「環境のために我慢してEVに乗ろう」という人はわずかです。

テスラは、そのような常識を打ち破る、スポーツタイプのEVを開発しました。価格は決して安くありませんでしたが、徐々に価格帯の安いものも提供し、意識の高い若者を中心に、一気にEV市場を席巻しました。ブランドは、上から下には作りやすいものですが、逆ははるかに大変です。

❖ジャパンプレミアムの代替肉を開発するべき

インポッシブル・フーズやビヨンド・ミートは、すでに既存の食品メーカーよりも時価総額が高くなっています。加えて、彼らの事業は代替肉一本のため、今後もこれまで以上に、代替肉の商品開発やマーケティングに注力していくでしょう。

このようなベンチャー企業に、日本の食品メーカーはどのように対抗すればよいのか。私は、量ではなく、質で上回るのが重要だと見ています。具体的には、より美味しい代替肉を作るための開発技法や生産体制などです。既存の生産体制やブランディングをゼロから見直して、場合によっては子会社を作り、別ブランドで出していく必要もあるかもしれません。

代替肉の主原料である大豆をどのような条件で加工すればよいのか。他のどのような食材と組み合わせればいいのか。そうしたノウハウが開発の肝であると同時に参入障壁となります。

インポッシブル・フーズの創業者はスタンフォード大学の生化学の名誉教授で、サバティカル（長期休暇）に環境問題にどう取り組むかを考えていたところ、この事業を思いつきました。代替肉の開発には生化学の知識がとても重要なのです。

日本の食品メーカーは、より美味しい代替肉の開発に向けて、より多く化学の研究者などを迎え入れ、積極的に研究開発を進める必要があります。

私は、海外の企業よりも、日本の企業のほうが、より質が高い代替肉を開発できると期待しています。日本人の食に対するこだわりは世界に類を見ないほど強いからです。味を数値化する特殊なセンサーの開発などは、海外では見られない取り組みです。世界中のグルメ好きが日本の寿司などを求めて来日することもありますし、香港やシンガポールに日本の高級店が出店し繁盛していることもあります。

このような日本の食で培《つちか》われてきた味の探求に対する姿勢や技術力を、代替肉に応用すれば、世界中のグルメ好きが満足する、極上の代替肉が開発できると思います。世界中からグルメ大国と見られている日本の強みを発揮するのです。

そうして開発されたジャパンプレミアムの代替肉を、国内だけでなく、世界で販売する。牛や豚、鶏の代替肉だけではありません。代替肉の刺身も開発して、世界に輸出していく。

日本の人口は減少しますが、世界的には人口が増えています。特に東南アジアでは富裕層が増えてきています。そのマーケットに、ジャパンプレミアムの代替肉を販売していくのです。

新型コロナウイルスの感染拡大が落ち着いた後に再び訪れるであろう多くの外国人観光客を相手にしたマーケットでも、高い需要があることは言うまでもありません。

イノベーションのジレンマにはまったままでいると、他の業界と同じように、代替肉が世に広まったときに勝ち残っているのは、海外のベンチャー企業だけという結末になりかねません。

❖本当に美味しい日本食とともに世界へ

先ほど、環境への負荷が少ないというだけでは消費者は振り向いてくれないと述べましたが、海外では、日本以上に環境への意識が高いことも事実です。日本でもＳＤＧｓやＥＳＧという言葉が浸透してきた感がありますが、流行り言葉が独り歩きしたり、ＳＤＧｓ専門家が突如出てきたりと、実際、どう思考や行動に浸透させるかという点では海外とは比較になりません。

ＥＶの開発が海外と比べて遅れているのも、環境に対する感覚が世界とずれていることが一因です。日本車はグローバルでかなりのシェアを誇っていますし、ブランド力もあります。しかし、海外のユーザーが乗りたいと思うＥＶのラインナップが、日本の自動車メーカーにはほとんどない。世界の感覚とのギャップがあります。

食品業界でも同じことが起きています。日本食は、ヘルシーであることはもちろん、見た目の美しさなどからも、世界的に高い人気を誇るブランド力を持っています。ニューヨークでも大戸屋は大人気を博しました。一方で、世界の人たちの食に対するトレンドは、環境に優しい代替肉なのです。

日本食の魅力を損なわない代替肉を開発できれば、それこそ世界中で支持されるでしょう。また、海外の日本料理の多くは、生粋《きっすい》の日本人から見ると、「日本料理風」であることが少なくありません。本格的な日本料理を学んだことのない方が作った料理でも、日本料理だというだけで、受け入れられています。

本物の日本食を、現在のトレンドの代替肉と重ね合わせてグローバルに展開すれば、日本の食品メーカーが世界で大きなアドバンテージを得ることができます。

第10章

建設

優れた技術を誇る日本企業が世界のイニシアチブをとるには？

写真：武藤守／アフロ

❖データ活用が有効な三つの領域

日本企業の建築や土木の技術は、世界的に見てトップレベルです。

一方で、データの活用やＡＩなど、ソフトウエア領域のテクノロジーの導入という点では、他の業界では着々と導入が進んでいるのに対し、驚くほど進んでいません。ＧＡＦＡも本格参入していません。

見方を変えると、これから大きく変えることができる、宝の山であるとも言えます。

建設業界でデジタル化を推し進める必要がある領域は、大きく分けて三つあります。

一つ目は、設計・施工です。

あらゆる建築物には、設計図面や施工図面があります。ＣＡＤやＢＩＭ(Building Information Modeling)といった便利なツールはありますが、現場では紙にプリントアウトして利用されています。この紙をデジタル化するのです。

具体的には、設計士が作った３Ｄデータを、現場で施工している作業員や現場監督がｉＰａｄなどの端末で共有し、それを同時に見たり、印をつけたりしながら作業を行なう、というようなことです。ＡＲ（拡張現実）を使うこともできるでしょう。

２Ｄの紙の図面ではなく、実際の建物と同じように立体的な３Ｄデータを、工事に関わる全員が共有することで、ちょっとした勘違いやミスを減らせますし、変更が生じた場合も、即座に全員に伝えることができます。図面のファイルのバージョン管理の手間が少なくなり、誰にどのバージョンを伝えたかのミスも減ります。作業効率がアップしますから、工期が短くなり、結果として業績アップにつながります。

二つ目は、オペレーションに関する情報のリアルタイム化です。

大規模なビルや商業施設の建設では、何百人、何千人という数の作業員や、彼らを束ねる現場監督、さらには設計士など、大勢の人が同時に動きます。現場があまりに広く、携わっている人が多いため、今、何が起きているのか、リアルタイムで知る術《すべ》が、これまではありませんでした。現場監督が電話で伝えたり、１日の作業の終わりに書く日報などに頼ったりしているのが現状です。

さらに、現場の進捗《しんちょく》を正確に把握しているのは担当の現場監督だけであることがほとんどです。経験豊富で優秀な現場監督であれば問題ありませんが、経験が乏しかったり、あまり得意ではない領域の工事を担当したりした際は、最適な流れで工事を進めることが難しい。

　このような状況を改善するために、現場にセンサーやカメラ、ドローンといった機器を配置し、データを取得します。そうして得たデジタルデータを本部に収集し、分析するのです。

　集められた膨大なデータをもとにすれば、現場監督の能力にかかわらず、最適な指示を出すことができます。ＡＩを使えば、「このままでは50％の確率で工期が延びる」といったことも判断できるでしょうし、「スケジュールを早めるにはどうしたらよいのか」というのも、スケジュールのボトルネックを分析すれば、まるでグーグルマップの経路探索で、渋滞状況次第で現状よりも早く到着できる道が提案されるように、わかるでしょう。

　つまり、現場の状況をデータ化し、共有することで、効率化や工事の遅延防止ができるようになります。

　三つ目は、下請け業者や作業員の手配と建設資材の調達です。

　建設業界では、ゼネコンの仕事を1次請け、2次請け、3次請けするのは当たり前で、工事の規模によっては4次請け、5次請けと、多くの業者がピラミッドのように連なるのが一般的です。

そのため、川上のゼネコンは4次請けがどのような5次請けを手配しているのか把握しきれないという現状があります。そして、多くの業者は、これまでの付き合いや関係性で、下請け業者を選ぶことが大半です。

このような業者の選定を、デジタル化するのです。すると、どのようなメリットがあるのか。

例えば、トンネル工事のための下請け業者を選ぶとき、付き合いはないけれども、トンネル工事の経験を多く積んでいる業者を検索して見つける。あるいは、トンネル工事の経験が多い作業員を検索して見つける。そうすれば、付き合いはあるけれどもトンネル工事の経験は少ない業者や作業員に発注するよりも、効率性も安全性も高くなります。

さらに、携わってきた工事のレビュー機能もあれば、なおいいでしょう。

このようなプラットフォームを整えれば、プロ意識が高く、技術も実績も持つ、クオリティの高い工事を手がける企業を選んで仕事を発注するようになり、その企業はもちろん、工事の元請けのゼネコン、さらには完成した建築物を利用する我々まで、皆が幸せになる社会の実現につながります。

資材の調達に関しては、サプライチェーンの可視化とも言えます。

現場をデジタル化することで、いつ、どの資材が、どの程度必要になるのかが、担当者の勘と経験に頼ることなく、的確にわかります。

必要になる資材はどこの倉庫にどれだけあるのか、現場まで配送するには何日かかるのかもわかれば、手配をスムーズに進められます。

これらの情報をスマートフォンでも簡便に見られるプラットフォームを構築すれば、現場監督の負担も減ります。

アマゾンの自動配送のように、資材が必要になるとわかったら、ＡＩが自動で注文することも十分考えられます。

❖紙が主な建設業界をクラウド型施工管理アプリで変える

建設業界のデジタル化で伸びているベンチャー企業が、アンドパッドです。２０１４年に創業した同社は、クラウド型施工管理サービス「ＡＮＤＰＡＤ」を、２０１６年から提供しています。

同サービスは、建設現場にデジタルを導入することで、作業の効率化を実現するものです。

具体的には、これまで電話やメールで行なっていた本部、現場監督、作業員とのやり取りをチャットでできたり、現場の最新状況の写真や図面、工程表、作業員の稼働状況などを、全関係者が共有できたりするものです。日報としての機能も有します。

アンドパッドの他にも建設業界のデジタル化を推し進めるツールやサービスを開発しているベンチャー企業は多くありますから、そのようなベンチャー企業と直接組むことが、建設会社がデジタル化を進める近道です。単にテクノロジーの活用を外部の企業に丸投げしていては、本当に効率的な手段を選んでくれるかはわかりません。

今後は、建設会社自体がデジタルに強い人材を積極的に採用し、自社でデジタルの力をつけることも必要となってきます。

このような決断ができるのは経営陣しかいません。デジタルツールやデジタル人材の導入は、短期的に見れば大きな出費に映るかもしれません。しかし、やるべき施策であることは間違いありません。

❖保全・メンテナンスは人に代わりロボットが担うようになる

これまで人が行なっていた保全・メンテナンス業務がロボットに置き換わるのも、建設業界におけるトレンドです。

例えば、ダムの壁の異常を検知する業務では、すでにパナソニックが人に代わって行なうロボットを開発しています。水中を移動したりしながら、カメラで壁の状況を把握するロボットです。

建設業界ではありませんが、鉄道の線路などのメンテナンスも、ロボットが自動で行なうようになるでしょう。

検査で得たデータの分析も、人よりもＡＩのほうが正確になりつつあります。作業が効率化し、コストが下がるとともに、安全面においても、危険な現場に人が入る必要がなくなります。

❖建築物にセンサーを設置してスマートシティを実現する

シンガポールでは、年間を通して暑い気候のため、ヒートアイランド現象があちらこちらで発生します。その抑制のために、シンガポール政府は、街中のあちらこちらにセンサーを取り付け、温度などのデータを適宜チェックし、ヒートアイランド現象が起きそうな場所を冷却するなどの対策を施しています。

こうした取り組みは、さらに発展すると私は見ています。温度センサーだけでなく、建物の状態を把握するセンサーも取り付ければ、建物のメンテナンスを、随時、必要なときにだけ行なうことができます。

さらに、地震が起きた後、どの建物がどれほどのダメージを受けたのかも、瞬時にわかるようになります。そして、今後、どの程度の大きさの揺れを受けたら崩壊する危険性があるのかまで分析できるでしょう。

保険会社がこのデータを利用すれば、保険金の支払いがスムーズになり、保険商品の設計もより精緻にできます。

建物の保守メンテナンスという枠を越えた、街で暮らす私たちにとって大いに有益な施策になります。

ちなみに、シンガポールはデジタル化の推進が世界の中でもかなり進んでいる国の一つです。国家予算が潤沢で、国土が狭く、官僚が優秀なことが理由です。

ドバイや深圳もデジタル化の推進が早い地域ですが、特にシンガポールの状況は、建設業界の関係者に限らず、デジタル化に関心のある方は大いに参考にするべきです。シンガポールの交通大臣は、シリコンバレーを積極的に訪問し、海外の先端のテクノロジーを街の取り組みに取り入れようとしています。定期的にチェックしておくことをお勧めします。

労働人口の減少もあり、建設業界の海外シフトの動きは、今後ますます加速することは間違いありません。その際には、世界に誇るアナログ技術だけでなく、本章で紹介したようなデジタルテクノロジーもあわせて輸出するべきです。

さらに、完成した建築物にカメラやセンサー、ローカル5Gといったインフラを整備するなどして、竣工後の管理も事業化する。つまり、設計・施工から管理・アフターケアまで、一貫してデジタル化された技術やサービスもあわせて海外に輸出することで、グローバルにおける日本の建設会社の存在感が高まり、イニシアチブをとれる可能性は十分にあると考えています。

第11章

不動産

日本の不動産事業に「黒船」が乗り出す日は来るのか？

写真：AP／アフロ

❖オープンデータを制するものが不動産業界を制する

日本の不動産の市場価格のデータは、あまりオープンになっていません。

一方、米国では、ジロー（Zillow）やレッドフィン（Redfin）といったベンチャー企業が運営する不動産情報アプリを開けば、すぐにわかります。

ジローのアプリでは、米国全土の不動産1億件以上の、現在の価格はもちろん、過去の価格やその推移などを見ることができます。外観や建物内の様子を写した画像も公開されています。レッドフィンは、情報提供だけではなく、不動産の売買事業も手がけています。

これらのアプリは、グーグルマップとも連携しています。不動産を探しているユーザーは、グーグルマップで自分が住みたいと考えているエリアを見て、気になる物件をクリックするだけで、不動産情報をスムーズに入手することができるのです。

このトレンドが、日本にも来ると私は予測しています。

実際、日本にも、ジローやレッドフィンのようなサービスを展開しようと、開発を進めているベンチャー企業があります。しかし、過去の取引まで含めて、全国の不動産の情報を収集することは、相応の体力のある企業でないとできないでしょう。

そこで注目しているのが、リクルートが運営する不動産情報サイト「ＳＵＵＭＯ（スーモ）」です。すでに大量のデータを持っており、後発のベンチャー企業に比べると有利ですし、データを収集する体力も十分にあります。

現時点では、掲載先の不動産会社に配慮し、自ら不動産の売買事業は手がけていませんが、いずれは進出する可能性もゼロではないでしょう。

当然、ＳＵＵＭＯと同様の不動産情報サイトを運営している各社も、似たような戦略を考えていることでしょう。不動産情報サービスに関しては、こういったオープンデータを活用するところが強くなると思います。

❖現地に行くことなく3D映像で内覧し、購入はオンライン決済で

不動産の選び方や契約、決済についても大きな変化が見られます。新型コロナウイルスも大きく関係していますが、実際に現地に行って不動産を確認するのではなく、スマートフォンやパソコンで建物の内外観をチェックするのが一般的になってきています。

これまで、不動産を探す場合、ＳＵＭＯに掲載してあるような写真をまずはチェックし、その上で、気に入った物件に実際に足を運ぶのが一般的でした。

しかし、現地に行かなくても、３Ｄで部屋の内外観を見ることができるようになりました。特別な機材などは必要なく、ｉＰｈｏｎｅ12Ｐｒｏにも搭載されている、「LiDARスキャナー」という3Ｄイメージスキャンセンサーさえあれば、誰でも簡単に３Ｄモデルを作成することができます。不動産の営業担当者でも簡単に行なえます。

画像の精度も高く、フローリングの広さの感覚など、実際に現地に行って見ないとわからなかった情報の一部が、自宅にいながら確認できます。

契約も、これまでのように何度も不動産会社の担当者や家主、行政書士など、多くの関係者と実際に会い、書類に書き込むような手間はなくなっていくでしょう。今秋設立されるデジタル庁をきっかけに、旧態依然とした手続きの手間は減っていくことが予測されます。

決済の方法も変わります。

不動産売買は数千万円という高額のため、これまでは小切手などが利用されることが一般的でした。しかし、小切手は現金化するために銀行に行く必要があり、手間が生じます。他の業界では当たり前になっている、オンライン決済に変わるでしょう。

❖「分譲」「賃貸」「ホテル」の垣根がなくなる

借りるのか、それとも買うのか。この垣根が曖昧《あいまい》になり、なくなってきているのも、不動産業界のトレンドです。1日から借りることのできる物件も多く登場していますし、3日、1週間、1カ月といった、利用者が望む期間で自由に契約することができる物件も出てきています。

ホテルと賃貸・分譲物件の垣根もなくなっていきます。海外ではもともとレジデンスタイプのホテルは一般的でしたから、そのトレンドが日本にも来ると私は見ています。コロナ禍の中、帝国ホテルが1カ月36万円で住むことのできるプランを提供するという動きもありました。

分譲型のレジデンスについては、東南アジアを中心にラグジュアリーホテルを展開するホテルチェーンのアマンリゾーツ（Aman Resorts）の動きに注目しています。現在、東京都港区で進んでいる大規模再開発案件「虎ノ門・麻布台プロジェクト」で、2023年に開業予定の高さ約330メートルの高層ビルの上層部を、同社がレジデンスとして売り出することが発表されています。

　価格は公表されていませんが、5億円ほどになるでしょう。物件自体の価値はおそらく3億円ほどでしょうが、プール、スパ、ラウンジといった共用施設の利用、コンシェルジュサービスが加わることでの価格設定です。

　コンシェルジュサービスにバリューがつくのも、これからの不動産業界におけるトレンドです。以前から、海外の要人が住むようなレジデンスでは、コンシェルジュが常駐するのが一般的でしたが、この流れがより一般的なマンションやアパートメントにまで広がっていきます。

　立地や建物の良し悪しはもちろんですが、それだけでなく、付属のソフトウエアサービスが、顧客に選ばれるために重要になり、他社との競争ポイントにもなっていくことは間違いありません。

　単身者用のマンションであれば、朝食がついていたり、アマゾンの配達員にマンションが対応してくれたりといったサービスも考えられます。ファミリータイプの物件であれば、両親が不在のときに子どもの面倒を見てくれるサービスがついていたり、犬の散歩を代行してくれたり、というようなイメージです。

一方で、このようなサービスを人が行なっていては費用がかさみますから、テクノロジーを導入して、さほどコストをかけることなく提供していくことが、他社との差別化を図る戦略となってきます。

宅配ボックスが普及してきたのはいい例です。今後は、スマホアプリで多くのサービスが受けられる時代が来るでしょう。家賃の支払いも、銀行からの引き落としではなく、アプリで簡便に済ませることができたり、水回りや電気設備など、自分では直すことが難しいトラブルが発生した際に、外部の業者を呼ぶことなく、専用のアプリで専属のスタッフが対応するようになったりすると思います。

このようなサービスやアプリも、すでに米国では浸透しており、規模の大きなコンドミニアム（分譲マンション）は専用アプリを備えている場合が多い。利用者は、部屋番号、名前、パスワードでログインすることができ、先述したようなさまざまなサービスを受けることができます。

日本でも、このような海外のトレンドに近いサービスを開発し、提供する動きが見られます。三菱地所のグループ会社が開発し、２０２０年に発表した、マンション管理組合向けの「ＫＵＲＡＳＥＬ（クラセル）」というアプリです。

近いうちに、居住者向けのアプリも出てくるでしょう。

❖不動産業界に「黒船」はやって来るか?

日本の不動産業界には、まだテクノロジーが浸透していない部分が多くあります。そこにビジネスチャンスを見出して、海外の不動産業者が日本市場を虎視眈々と狙っています。GAFAやエアビーアンドビー(Airbnb)のような「黒船」が、不動産業界でも日本市場を席巻する可能性は、十分にあります。

兆候はすでにあります。2019年に日本市場に参入してきた、インドのホテルチェーン、オヨ(OYO)です。

オヨは、業界の猛反発や新型コロナウイルスの影響などもあり、賃貸住宅事業からは撤退してしまいましたが、ロビー活動やサービス、物件の選定で明暗が分かれたかもしれません。ホテル事業は現在も展開していますから、この先どのような動きを見せるか、注目しています。

いずれにせよ、オヨのような黒船が日本市場に進出する機会を狙っているため、国内の不動産業者にとっては、黒船が来日した際、彼らに勝てるだけのサービスを構築していることが、生き残る道だと言えます。

第12章

エネルギー

日本は化石燃料からクリーンエネルギーに転換できるか？

テスラの「パワーウォール」（写真：ロイター／アフロ）

❖クリーンエネルギーの開発・利用が加速する

地球温暖化の要因である二酸化炭素を大量に排出する、化石燃料による火力発電は、この先ますます少なくなっていき、いずれはなくなるでしょう。各国政府が推進しているだけでなく、世論を見ても明らかです。以前のように、大手電力会社から特に意識することなく電気を購入するのではなく、太陽光や風力といった再生可能エネルギーによって発電された電気を購入しようという動きがあります。

その結果、これまで大手と言われていた電力会社やオイルメジャーは、ビジネスそのものを変えることが求められています。実際、いち早くクリーンエネルギーによる発電技術を手に入れようと、研究開発を進めたり、ベンチャー企業と手を組んだりといったアクションが見られます。

クリーンエネルギーは、太陽光や風力以外にもあります。例えば、バイオマスです。木材など、動植物から得た資源のことで、成長過程での光合成で二酸化炭素を吸収しているため、燃やしても、結局、地球全体で考えれば二酸化炭素の総量を変えずに発電を行なえます。

東大発のベンチャー企業、グリーン アース インスティテュート（Green Earth Institute）は、食料や飼料では使われないトウモロコシの茎《くき》などから、航空機用のバイオジェット燃料を精製しています。第13章でも触れますが、同社は古着からもジェット燃料を作ることに成功しています。

バイオベンチャーのユーグレナも、ミドリムシから作ったバイオマス燃料の開発に進出し、２０２１年６月、その燃料による航空機の初飛行を果たしました。

また、２０２０年から、バスやフェリーなどに同社が製造したバイオディーゼル燃料の供給をスタートさせています。２０２１年３月から、試験的ではありますが、私たちがふだん使用している街中のガソリンスタンドで、同社が開発したバイオディーゼル燃料の販売もスタートさせました。

開発途上のエネルギーでは、「宇宙太陽光発電」や「新方式の原子力発電」があります。

宇宙太陽光発電とは、常に太陽光が降り注ぐ、雲よりも上の宇宙空間で太陽光発電を行ない、得た電気を地上に供給するものです。

新方式の原子力発電は、従来のように大型の原子炉ではなく、小型の原子炉を用いるもので、「第4世代の原子力発電」と呼ばれています。マイクロソフトの創業者であるビル・ゲイツ氏が出資していることでも注目されています。

日本においては、東日本大震災での福島第一原発の事故がありましたから、原子力がこの先のトレンドになることには、なかなか抵抗感があるでしょう。当面、クリーンエネルギーのトレンドは、太陽光や風力だと思います。

❖広い海を持つ日本で「海洋風力発電」はできないのか？

陸上で風力発電を行なえる場所は限られています。そこで重要になるのが、常に強い風が吹いている海上です。

ただし、日本近海での海洋風力発電は超えなければならない技術課題が山積しており、本格化していません。NEDO（新エネルギー・産業技術総合開発機構）や九州電力などが技術開発に取り組んでいますが、現時点では、思うように進んでいないように見えます。

越えるべき壁は大きく分けて二つあります。

一つ目は、いかにして洋上で発電機を安定させるか。

現在のテクノロジーでは、海に浮かせた状態で安定して電力を供給し続けることが難しく、台風の多い日本では、発電機が損傷を受けないようにするのが特に難しくなります。

もう一つの技術課題は、送電です。洋上に浮かぶ発電機から陸へと送電ケーブルを敷設《ふせつ》するだけでは不十分で、蓄電の効率化などの技術革新が求められることは前提ですが、蓄電池を使って電気を運ぶ方法も考えられます。

❖自宅で使う電気は自宅で発電するのが当たり前になる

クリーンエネルギーで発電した電気を購入して使うようになった先では、消費者が自ら発電するようになるでしょう。自宅の屋根などにソーラーパネルを設置し、太陽光発電をするのが一般的になるのです。

太陽光発電については、テスラがかなり活発に動いています。日本でも２０２０年から一般家庭向けの太陽光発電サービス「パワーウォール（Powerwall）」を始めています。

パワーウォールのウェブサイトでは、自宅の郵便番号を入力すると、これまでの日照量のデータをもとに、ソーラーパネルを設置するとどれくらいの発電が行なえるのかが瞬時にわかります（日本は未対応）。

テスラがさすがだと思うのは、クリーンエネルギーだからといって、決して顧客に我慢を強《し》いることがなく、ソーラーパネルの見栄《みば》えもかっこ悪くならないことです。

日本のソーラーパネルは、屋根の上に、ただ置くだけのタイプがほとんどです。せっかくおしゃれな屋根や家の外観が台無しです。そのため、ソーラーパネルを設置したくない人も少なくありません。

一方、テスラのソーラーパネルは、見た目は屋根そのもので、外観を損ねることがありません。

発電した電気はＥＶに充電（蓄電）することもできますし、専用の蓄電池もあわせて用意されています。

これまでは、地方の大規模発電所で生み出した電気を、大規模な送電網や配電設備を介して、都市部などに供給するのが一般的でした。しかし、これではどうしても大きなロスが生じます。

利用者から近い場所で発電すればロスを減らせます。自分たちで使うだけなら、発電量も少なくていい。自治体が主導して、自分たちの地域で使うだけの電気を地元で発電する動きも活発です。

❖ＡＩの活用で使用電力を大幅に減らせる

ここまで主に発電について述べてきましたが、電力の使用については、ＡＩを利用することで、効率的にすることができます。

例えば、エアコン。すでに販売されている機種もありますが、センサーから得たデータをもとに、部屋の中のどの部分を冷やせば効率的なのかをＡＩが判断し、自動で制御します。個人宅だけではありません。

グーグルやマイクロソフトといったクラウドサービスを手がけている企業は大規模なサーバーを持っています。そのサーバーを冷却するために大量の電気を消費しているのですが、その冷却装置をＡＩで制御し、最適化したところ、使用電力が30％減ったという事例もあります。

同じシステムを応用すれば、工場の大きな機械設備なども効率よく動かし、電力の使用量を大幅に減らすことができます。

また、街の送電網にＡＩを組み込めば、街全体の電力消費を最適化することもできます。そのための送電網を「スマートグリッド」と呼びます。

以前は、発電所から送電している先の全体での電力使用量はリアルタイムに把握できましたが、一軒ごとの使用量は、月に1回の検針でしか把握できませんでした。しかし、各家庭や事業所の電力メーターがスマートメーターに変わったことで、一軒ごとの電力使用量をリアルタイムに把握できるようになっています。

このデータをクラウド上に集めて分析すれば、さらに効率的なスマートグリッドを実現することができます。

消費者側では、「どの時間帯に、どこから供給される電気を使うか」という最適化をサポートするベンチャー企業も出てきています。

例えば、ＥＶは巨大な充電池でもあります。基本的に、昼間のほうが、電気代が高いことが多いので、その間はＥＶから電気を使い、電気料金が安くなる夜間にＥＶを充電することによって、月々の電気代を安くすることができます。これは、ソーラーパネルを使っているときに、曇りのときはＥＶから、晴れのときはソーラーパネルから、とＡＩが電気需要を予測して切り替えることにも通じます。このような取り組みを、新電力ベンチャー、アークエルテクノロジーズが、２０２２年にも九州で開始する予定です。

第13章

アパレル

ファーストリテイリングが時価総額世界一になった理由とは？

写真：eStock Photo／アフロ

❖データの活用で、衣服やコスメが個別最適化される

衣服は、多くの人の平均的な体のサイズをもとに、S、M、Lなどのラインナップを設けている場合が大半です。自分にピッタリなサイズの衣服を買うためには、お店に出向いて採寸をしてもらわなければなりませんでした。

しかし、テクノロジーやデータを活用することで、スマートフォンで簡便にオーダーメイドの衣服が注文できるようになりつつあります。このような衣服の個別最適化が、アパレル業界におけるトレンドの一つです。

ユニクロはアプリ内の「MySize CAMERA」というサービスで、個別最適化した衣服を提供しています。

まず、年齢、身長、体重、性別といった情報を入力します。次に、スマートフォンのカメラで、衣服を着たまま、体の正面と側面の2枚の写真を撮影します。そうして得たデータをAIが解析することで、首まわり、肩幅、背丈、裄丈《ゆきたけ》、腕の長さなどを推定。アプリやオンラインストアで衣服を購入する際に、最適なサイズをレコメンデーションしてくれ

ます。

アマゾンも、２０２０年12月に、「Made for You」という、個人にジャストフィットするＴシャツを製造・販売するサービスを発表しました。

身長や体重といった情報を入力し、スマートフォンのカメラで体の写真を２枚撮影することで、ＡＩがサイズを推定。配色や生地《きじ》などを選ぶと、オーダーメイドのＴシャツを買えます。

若者に人気のファッションＥＣサイト「ＺＯＺＯＴＯＷＮ」を運営するＺＯＺＯは、「ＺＯＺＯＳＵＩＴ」という個別最適化サービスをいち早く展開しました。アイデアは素晴らしいのですが、専用の３Ｄ計測用ボディースーツを着て写真を撮影しなければならないため、あまり普及していませんでした。

一方で、ＺＯＺＯは、メガネ型デバイスをかけることで肌の色を計測する「ＺＯＺＯＧＬＡＳＳ（ゾゾグラス）」という個別最適化サービスも展開しています。ＺＯＺＯＧＬＡＳＳを装着し、角度を変えた写真をスマホカメラで数枚撮影すると、そのデータから本人の肌の色を正確に計測する、という仕組みです。顔全体だけでなく、唇、額、頬《ほお》など、部位による色の違いも明確にわかるため、利用者は、口紅やファンデーションなど、顔の各部位にマッチした各種コスメを選ぶことができます。

これからは、衣服自体にセンサーを埋め込み、そこからデータを収集することで、より快適に服を着ることを目指すようになると、私は想像しています。つまり、何か特別なデバイスを装着したり、アプリを操作したりすることなく、衣服を着用しているだけで、各種のバイタルデータが取得され、より快適な体験を提供できる世界です。「着る」という行為はあくまで手段であり、どのような快適な体験を提供できるかが目的です。

ランニングの練習時に着用すれば、心拍数やタイムはもちろん、腕の振りなどの動きも計測してくれて、その後のトレーニングに活かすこともできるようになるでしょう。

スーツなどのビジネスウェアであれば、着用時の姿勢を把握することで、姿勢の悪さを正すようなサービスも考えられます。

❖個別最適化は商品廃棄の削減にもつながる

個別最適化されていないサイズのラインナップを揃えておくと、どうしても売れ残る商品が出てきます。セールやアウトレットで安価に販売しても、最終的にはかなりの量の商品を廃棄している現状があり、特に、商品の入れ替わりの激しいファストファッションでは大きな課題の一つです。

サイズの個別最適化は、廃棄される商品の削減にも大きく貢献します。

さらに、一度着た衣服を新たな商品に生まれ変わらせる「サーキュラーエコノミー（循環型経済）」の考え方もトレンドになっています。

例えばユニクロは、ユーザーが着古したダウンジャケットから得た羽毛を使って、新たなダウンジャケットを製造し、販売しています。同じことを、今後、多くの商品で展開していくでしょう。

第12章で触れたグリーン アース インスティテュートは古着からもジェット燃料を作っており、アパレルの無駄を減らす日本のベンチャー企業の一つです。

❖衣服は「目的」ではなく「手段」

衣服を生産・販売するだけでなく、上流から衣服を捉えるのも、最近のアパレル業界のトレンドです。具体的には、消費者に衣服を購入しようと思わせるメディア戦略です。ファッション誌などに売り込むだけでなく、自分たちがメディアとなることで、自分たちからトレンドを仕掛けていこうとしています。

ファッションとテクノロジーは似ています。iPhoneが多くのユーザーを獲得しているのは、高機能なのはもちろんのこと、iPhoneを持つことがかっこいいからです。

私はよく「ドリルと穴」の話を引用します。ドリルを買う人は、ドリルが欲しいのではありません。穴を開けたいのです。衣服を買うことは、ドリルを買うのと同じく、あくまで手段です。

衣服を着る目的は何なのか。アパレル企業は、消費者が各シーンでどのような目的で衣服を着ているのかを把握し、目的達成までを考慮した上で、商品開発はもちろん、メディアやテクノロジーを活用する必要があります。

スーツであれば、スーツを着ることで仕事がうまく進むことが目的でしょう。スポーツウェアであれば、スポーツで高いパフォーマンスを発揮することが目的です。

ここでもユニクロが参考になります。

今でこそ多くの人に支持されているユニクロですが、過去には、「安いだけ」「かっこよくない」というイメージだった時代もありました。

ユニクロは海外展開でも大きな失敗を経験しています。質が高く安い商品であれば売れる、と誤解していたのです。日本で大ヒットしたフリースを、ニュージャージー州のモールに出店し、大々的に売り出しましたが、現地の消費者からはほぼ支持されず、早々に撤退する羽目になりました。

しかし、この失敗からブランディングの重要性を学びます。稀代《きたい》のクリエイティブディレクター、佐藤可士和《かしわ》氏を招聘《しょうへい》し、改めてニューヨークの五番街(日本で言う銀座)に出店するなど、チャレンジを続け、2017年には「情報製造小売業」になると宣言。服を着る理由という上流まで手がけるという、まさにアパレルがメディア化することをアナウンスしています。

ブランドとしても、プロが認める品質ということで、元世界ランキング1位のプロゴルファー、アダム・スコット選手や、同じく世界屈指のテニスプレイヤーである錦織《にしこり》圭選手などにユニクロのウェアを着てもらい、その様子を伝えるなど、次々と施策を打っています。超一流のスポーツ選手が着用している。加えて、選手が生の声で「着心地がいい」と発言する。すると消費者は、彼らが着ているウェアを着ることで、実力よりも高いパフォーマンスが発揮できるのではないか、というような気さえしてきます。

ワークマンもユニクロと同じような戦略で成功しています。

ワークマンは、もともと作業現場での機能性によって、職人たちから高い支持を集めていました。一方で、「作業着はかっこよくない」という先入観があったため、購買層が広がることがありませんでした。

そこで、従来の高機能は維持しながら、街中でも着られるデザイン性を盛り込みました。さらに、インフルエンサーを活用することで、着心地とデザイン性の高さを多くの人に伝えていく戦略を実施しています。

目的を提供するという観点では、メガネブランドの「JINS（ジンズ）」の取り組みも参考になります。メガネは何のためにかけるのか。メガネはどのようなシーンで使われているのか。そうした目的にフォーカスし、それを消費者が達成することを支援するサービスを提供しています。

例えば、集中力を測定できるメガネ型デバイス「JINS MEME（ジンズ・ミーム）」を開発し、それを使った研究の成果をもとに、集中力が高まるワークスペース、「Think Lab（シンクラボ）」を展開。いわゆるコワーキングスペースですが、メガネブランドの事業の枠からはかなり外れています。しかし、消費者の目的を達成するという観点では正しいと言えるでしょう。

今後は、このように、消費者の目的を実現するためのサービスが、アパレル業界ではますます広がっていくでしょう。

❖時価総額世界一になったファーストリテイリングから学ぶべきこと

アパレル企業が生き残るためには、他の業界と同じく、世界のトレンドを素早くキャッチアップすることが必要です。先述した古着のリサイクルはまさにいい例で、グローバルではサステナビリティを意識した商品やブランディングがトレンドです。

つい先日まで世界一のアパレル企業であった、「ＺＡＲＡ」を展開するインディテックス(Inditex)は、２０２５年までに自社製品をすべてサステナブルな素材から生産することを宣言しています。工場や店舗などで消費されるエネルギーの80％を再生可能エネルギーに転換することも、あわせてアナウンスしています。

ファストファッションだけではありません。ラグジュアリーブランドは、ブランディングこそが事業の根幹ですから、世界のトレンドにはかなり敏感で、動きも早い。

グッチ、サンローラン、バレンシアガといった高級ブランドを手がけるフランスのアパレル企業、ケリング（Kering）は、男女平等や環境保護の意識が高く、国連の親善大使も務める女優、エマ・ワトソン氏を取締役に招聘。同社のサステナビリティ委員会の議長に任命するなど、メディアを意識した戦略を打っています。

海外のトレンドをキャッチアップするという点においても、ユニクロは大いに参考になります。ＺＡＲＡなどのライバルの動向はもちろん、海外の売上が国内より大きいため、欧米でどのようなトレンドがあるかを常にアンテナを立ててチェックしています。テクノロジーのトレンドもチェックしていて、いいと思ったテクノロジーは積極的に取り入れています。

こうした努力の甲斐《かい》あって、ユニクロを運営するファーストリテイリングは、２０２１年2月、インディテックスを抜き、時価総額世界一のアパレル企業になりました。

偉業達成の大きな要因は、トップである柳井正会長兼社長の経営手腕であることは間違いありません。ただし、自分自身に特別な才能があるわけではないと、本人は述べています。愚直に、海外の成功事例やトレンドから学び、自社に重ね合わせて仮説を立て、真面目に実行しただけだ。うまくいかなかったら、再び仮説を立て、改めて検証する。このようなフィードバックを、愚直に徹底的に繰り返した結果、今のユニクロがある、と。

もちろん、謙遜しての発言であり、仮説の確からしさによるところはありますが、確かに仮説と検証を愚直に繰り返すことは才能とは関係ありません。誰にでもできます。

アパレル業界以外の多くの業界とパイプを持ち、学んでいる姿勢も、参考になります。

他者と協業する場合でも、決して任せ切りにしないことも、ユニクロがここまで大きく成長している理由の一つです。先の「MySize CAMERA」も、テクノロジーの中身はボディグラム（Bodygram）というベンチャー企業が開発したものですが、ユニクロというフィルターを通した上で、消費者に展開しています。

自社でも研究開発センターを持ち、多くのエンジニアを採用して、テクノロジーの内製化にも努めています。

いきなりユニクロになるのは無理でしょうが、本章の冒頭で紹介したようなアプリの導入は、アパレル企業にとって必須です。当然、ＥＣも展開するべきです。さらに言えば、アマゾンなどの大手ＥＣ事業者に負けないように、自社で流通網も持ち、ＳＰＡ化していく必要があるでしょう。

このような体制を整備することが、これからアパレル業界で生き残るために必要だと思います。

第14章

総合商社

GAFAに対抗し得る日本独特の業態。飛躍へのカギは？

写真：アフロ

❖データ活用において総合商社は大きな余地を持っている

グループ会社同士で集まり、情報交換をする。優秀な人材を、新たに設立した子会社のトップに抜擢《ばってき》する。そういった、一般的な企業では難しい施策や人事がスムーズに行なえることを強みに、総合商社は成長してきました。

ところが、バブルが崩壊して以降、特に重厚長大な事業を手がける部門やグループ会社が足を引っ張る形で、総合商社の時価総額は減少していきました。各事業の価値の合計を企業価値が下回る状態(コングロマリットディスカウント)になり、なかなか投資家の興味を引きづらかったのです。

しかし、「はじめに」で挙げたメガトレンドの一つ、「コングロマリット化」を、デジタルではない、リアルのほうでは成し遂げているので、あとはデジタルのほうをつなぐことによって大きく変革を果たせる余地があります。すでに果たしている総合商社は、今まさに、その強みを活かして、変わろうとしています。

総合商社の強みは、多種多様な業界の上流から下流まで、さまざまなビジネスをグループ内で行なっていることです。そして、多くのノウハウを蓄積してきました。

さらに、グループ会社全社でデータを取得し、得たデータをグループ内で共有することで、新たな価値やサービスを生み出していくことができます。

このようなスケールの大きなデータ活用が行なえるのは、日本では総合商社をおいて他にはありません。

例えば、グループ内の小売企業のデータを分析した結果、あるアパレル商品の売上が前年に比べて大幅に伸びることが予測できたとします。そのデータを、アパレルを製造しているグループ内のメーカーや、同じくグループ内の素材を扱う部門や子会社に共有すれば、増産がスムーズに行なえるだけではなく、新たなヒット商品を生み出すことにもつながるでしょう。

商社と言うと、右から左に商品を流して稼ぐビジネスだとイメージされがちですが、自社で得たデータを活用したり、自社で新たなサービス、特に法人向けのサービスを生み出していったりするポテンシャルを秘めています。

✣伊藤忠商事が時価総額トップに躍り出た理由

現在、データをうまく活用し、大きく業績を伸ばしているのは、非財閥系の伊藤忠商事です。同社は、自分たちには総合商社としてのネットワークやノウハウはあるけれども、データの取得や分析は弱いことを真摯《しんし》に受け止め、外部から取り入れようと、かなり以前から積極的にアクションを起こしていました。

例えば、シリコンバレーにオフィスを構えたのは、今から30年以上も前の1980年代です。2000年には、シリコンバレーのオフィスからの情報を踏まえた上で、実際に投資を行なうVC「伊藤忠テクノロジーベンチャーズ（ITV）」を設立。ITVは、伊藤忠グループで活用が見込めそうなさまざまなドメインのベンチャー企業に積極的に投資しています。

伊藤忠商事は日本のベンチャー企業にも投資をしています。その一つが、後払いのカードレス決済を提供しているPaidy（ペイディ）です。海外ではすでに後払いのサービスが非常に成長していて、そこに投資をしていた海外の投資家も、同じモデルが日本でも通用するだろうと投資しています。

ＥＣでは後払い決済が一般的ですが、Ｐａｉｄｙのサービスでは、リアルの場で現金を持っていなくても、カードや事前登録の必要もなく、メールアドレスと携帯電話の番号だけで後払いができます。

これはグループ内の様々な小売の決済サービス、例えばファミリーマートなどで取り込むのでは、と推測されます。

コンビニエンスストアで買い物をしようと思ったが、現金を持ち合わせていなかった。ＡＴＭで引き出すのも面倒だ。だから、買い物を諦めよう。このような機会損失を防ぐ効果があるからです。

同じく金融サービスでは、ｐｒｉｎｇ（プリン）というスマホアプリを用いた電子決済や送金サービスを手がける日本のベンチャー企業にも出資しています。ＧＡＦＡと同様に、金融業界への進出にもウエイトを置いていることが窺えます。２０２１年７月には、グーグルが日本での金融事業に本格進出するためにｐｒｉｎｇを買収するとの報道もあり、この分野が地殻変動の中心であることがわかります。

このような取り組みは、市場からも評価されています。三菱商事、三井物産、住友商事という財閥系総合商社の後塵《こうじん》を拝していた伊藤忠商事ですが、２０２０年に、総合商社の中で初めて時価総額トップに躍り出ました。

もちろん、他の総合商社も改革を進めています。伊藤忠商事の動きに連動するように、CVCやインキュベーションラボを設立するなど、動きを活発にしています。

三井物産はイノベーションのアイデアを実際にビジネスとして事業化する「Moon Creative Lab(ムーンクリエイティブラボ)」を設立し、すでにいくつかのサービスを立ち上げています。

住友商事は、グループ内のSIerやメディア企業、小売業者などを中心に、全社的にBtoB(法人向け)のDXに強い商社であることを打ち出す取り組みやブランディング戦略を行なっています。

三菱商事は「エムシーデジタル(MC Digital)」というデジタルテクノロジーカンパニーを2019年に設立。同社を通じて、三菱グループ全体のDXを進めています。欧米のカーナビゲーション市場でトップシェアを誇る、ヒアテクノロジーズ(HERE Technologies)という企業にNTTと共同で出資したりもしています。三菱商事はグループにローソンや成城石井といった小売事業を持っており、そのネットワークが強みですから、そこに地図データを掛け合わせることで、物流などのシナジーを生み出そうとしている戦略が窺えます。

さらに補足すれば、三菱商事はPontaというポイントネットワークを持っています。Pontaで得たデータを掛け合わせ、データを活用した商品のレコメンデーションなどができれば、さらに大きなデジタルの価値を生み出す可能性は十分にあるでしょう。

❖GAFAがあまり狙わない「BtoB（法人向け）」のサービスを狙え

ただし、総合商社がGAFAに対抗する上では、大きく不利な点もあります。

GAFAのビジネスの中心が、人件費がさほどかからないオンライン中心なのに対し、総合商社の事業の中心はリアルです。つまり、人件費や不動産などの費用が圧倒的にかかっているのです。

もう一つは、クラウドやAIを、グーグルやアマゾンは自前で持っているのに対し、総合商社は現在、同等のものを持っていないことです（ただ、住友商事は量子コンピュータに力を入れるなど、次のスタンダードを見据える動きをしています）。総合商社は、今から自前でデータセンターを作るか、彼らと協業する必要が出てきます。もし両者が同じサービスを展開するとしたら、コストの面で敵《かな》わないことは明らかです。

では、どう戦えばよいのか。

もともとの商社の強みであるＢ to Ｂのサービス、それも上流から下流までを一気通貫で行なうサービスに成長の余地があります。できるならば、ソフトウエアやＡＩで可能な限り自動化し、国内外問わず提供できるサービスです。

例えば、アパレルを扱う小売業者に対して、先述したような商社ならではのデータをもとに管理ソフトウエアやアプリの提案をしたり、調達から配送までを最適化したスマートファクトリーを実現したりできるでしょう。

総合商社は自らビジネスを手がけて得たリアルな経験を持っています。その経験を、属人的なところからデジタルに移植し、ベテランが辞めても同等の質の業務を回せる体制を実現すべきです。

❖デジタルテクノロジーに強い人材を積極的に採用せよ

多くの総合商社はＤＸに取り組んでいます。そのために、ＣＤＯ(Chief Digital Officer)やＣＩＯ(Chief Information Officer)といったポジションを設けていますが、形だけのケースも存在します。

総合商社に限ったことではなく、日本の大企業に多く見られる特徴ですが、生え抜きの人材や派閥人事を重視するために、どうしても外部の優秀な人材を重要なポジションに就ける体制が整っていないケースもあります。

このような旧態依然の人事ではなく、外部も含めた、若くて優秀でやる気のある人材を、思い切って抜擢するべきです。どうしても給与制度に問題があるのなら、肩書きはＣＤＯだけれども、給与は一般社員と同等に近い額に設定し、成果報酬にしてもいいでしょう。ただし、権限は与える。そのような人事制度の改革こそが重要です。特に、ＡＩやクラウドなどのプロジェクトの実装経験は、台湾のデジタル担当大臣オードリー・タン氏が40歳であるように、おそらく40代以下のほうが先端を経験している可能性が高い。デジタルのヘッドにおいてだけは、年齢制限を設けてもいいかもしれません。

実際、伊藤忠商事を見ていると、人事に関しても旧態依然の総合商社とは異なる動きが見られます。２０００年には、米国のコーネル大学で法学を学んだあと、法律事務所で弁護士としてキャリアを積んでいた、茅野《ちの》みつるクレア氏を招きました。２０１３年には大手総合商社としては初めてとなる女性の執行役員に46歳で抜擢。さらに、２０１７年には米国法人の経営陣の一人となりました。

多くの総合商社では、ダイバーシティやジェンダー平等というキーワードが必須になっているため、以前と比べると多くの女性やユニークな人材を採用するようにはなっています。しかし、彼女のような重要なポジションを任せたり、昇進させたりするまでにはなかなか至っていません。伊藤忠商事が、業界の中でも先駆けて何が必要なのかを考えている表れと言えます。

彼女を抜擢する際には、社内、社外、どちらからも相応の反発があったことは容易に想像できます。しかし、そのような反対意見を押さえてまで改革を進めた伊藤忠商事の経営判断が、今の成長につながっています。

おわりに

私が予測する未来のトレンドならびに社会、ビジネスの在り方はいかがだったでしょうか。

未来予測書は多く出版されていますが、私が予測する内容にはある特徴があります。

夢物語ではなく、実際に起きている、あるいはこれから起き得る事象であることです。

なぜ、そのような予測ができるのか。研究者や評論家といった立場ではなく、日々、数多くの企業を、投資家として、地に足が着いたビジネス視点で見ているからです。

一方で、本書で紹介した内容は、外資系のテクノロジー企業のエンジニアであれば、誰もが当たり前に知っている情報でもあります。つまり、本書を読んで感心した方は、言葉を選ばずに言えば、グローバルな競争の観点からすると情報のキャッチアップが遅れている、ということになります。

一方で、日本人にはそのような方々が多いことも承知しています。グローバルと比べたときに、日本のビジネスパーソンはどれほど遅れているのか。そのような危機感を持ってもらいたい。本書を執筆したのには、そのような理由もありました。

例えば、携帯電話で日本企業がアップルに一気にごぼう抜きされたのも、海外での売れ行きが好調だということが、日本に来る1年前にはわかっていたのに、対抗して斬新な携帯電話を出せず、過去の延長線上のワンセグや防水、高画質という機能で対抗しようとしていたからです。

今の状態が続けば、本書で紹介したように、業界の壁が簡単に崩れ、アップルが自動車を作り、グーグルマップ上で不動産取引ができてしまうといったことが起こります。すると、自動車業界、不動産業界など、あらゆる業界で破壊的イノベーションが起き、従来の企業が淘汰されていくことが繰り返されていきます。私はこのような同じ過《あやま》ちを繰り返してほしくないのです。

では、どうすればよいのか。

本書で紹介しているような、海外では当たり前のトレンドを、常にアップデートし続ける他ありません。若いビジネスパーソンであれば、英語に精通し、自ら海外のメディア、『ウォール・ストリート・ジャーナル』や『フィナンシャル・タイムズ』の英語版に目を通し、テクノロジーに関する記事を読むだけでも、世界のトレンドを知ることができます。

海外メディアから情報を得ることを続けていくと、日本で大きく扱われるトピックやトレンドが、どれほどグローバルのトレンドと乖離しているのかがわかります。

これからの未来を創るのはベンチャー企業ですから、特にベンチャー企業の動向をウォッチするように意識することもポイントです。

グーグルの元CEOであるエリック・シュミット氏も、一番怖いのは、今まさにガレージで次世代のサービスや商品を開発しているベンチャー企業だと言っています。

年齢もキャリアもそれなりのポジションにいる。英語は堪能《たんのう》ではないし、今から学ぶのは年齢的にも厳しい。そのような方は、トレンドを知っている人たちと常に情報交換することをお勧めします。

情報は、誰から得るかが非常に重要です。そのため、業界をつなぐ「ストラクチュアル・ホール」となる人物から情報を得るように意識してください。ストラクチュアル・ホールとは、「業界を超えた弱いつながり」「情報の交差点」という意味です。各界のストラクチュアル・ホール複数人とつながり、メンターとして定期的に情報を教えてもらうのがいいでしょう。

メンターは、最新のトピックやトレンドを教えてくれるだけの存在ではありません。自分が行なっているビジネスが正しいのかどうかを客観的に評価してくれる存在でもあります。

私にも複数のメンターがいます。中には80歳を超える方もいて、その方からは日本の伝統文化や、高齢者ならではの視点や価値観などを学ぶことができ、大変勉強になっています。

　私は本書で取り上げたすべての分野での専門家ではありません。私の役割は、ビジネスパーソンや企業に、正しい情報の取得方法や旬なトレンドをわかりやすく伝えることだと思っています。しかし、百聞は一見に如《し》かずと言うように、自動運転や遠隔医療、ロボット配送など、体験したほうが10時間の講義を受けるよりもわかりやすいものもあります。コミュニケーションコストが想像以上に高いのです。

　一番怖いのは、流行り言葉を表面上だけ部下に説明させて理解することであり、実際の体験なしに知ったように錯覚することです。

　本来ならば、シリコンバレーなど、海外に半年に1回は足を運んでいただきたいのですが、本書はあくまで入門書なので、現地への訪問の興味を持つ、そのきっかけになれば幸いです。そして、帰国後もそれで終わりではなく、より難しい内容を理解していけばいいのです。

　その結果、日本企業や日本経済、日本社会が、海外のトレンドの中でも筋のいいビジョンを持ち、ポテンシャルを最大限発揮して、再び活力ある時代を取り戻すようになることを願っています。

感想、ご指摘などは、yamamototech2020@gmail.com にメールでお送りいただくか、左のＱＲコードを読み取って、お問い合わせフォーム(https://bit.ly/30z56tm)よりいただけましたら幸いです。

２０２１年7月

山本康正

取材・構成：杉山忠義

本書は月刊『THE21』（PHP研究所）
2021年5～9月号の連載をもとに、
大幅に加筆・修正したものです。

山本康正（やまもと・やすまさ）
1981年、大阪府生まれ。京都大学で生物学を学び、東京大学で修士号取得。ハーバード大学大学院で理学修士号を取得。修士課程修了後、グーグルに入社し、フィンテックや人工知能による日本企業のデジタル活用を推進。企業の顧問も務める。京都大学大学院特任准教授。著書に『次のテクノロジーで世界はどう変わるのか』（講談社現代新書）、『2025年を制覇する破壊的企業』『銀行を淘汰する破壊的企業』（ともにSB新書）などがある。

PHP
Business Shinsho

PHPビジネス新書 427

2030年に勝ち残る日本企業

2021年8月31日　第1版第1刷発行

著者　山本康正
発行者　後藤淳一
発行所　株式会社PHP研究所
東京本部　〒135-8137　江東区豊洲5-6-52
第二制作部　☎03-3520-9619（編集）
普及部　☎03-3520-9630（販売）
京都本部　〒601-8411　京都市南区西九条北ノ内町11
PHP INTERFACE　https://www.php.co.jp/
装幀　齋藤　稔（株式会社ジーラム）
組版　株式会社ウエル・プランニング
印刷所　株式会社光邦
製本所　東京美術紙工協業組合

ISBN 978-4-569-85003-0

「ＰＨＰビジネス新書」発刊にあたって

わからないことがあったら「インターネット」で何でも一発で調べられる時代。本という形でビジネスの知識を提供することに何の意味があるのか……その一つの答えとして「**血の通った実務書**」というコンセプトを提案させていただくのが本シリーズです。

経営知識やスキルといった、誰が語っても同じに思えるものでも、ビジネス界の第一線で活躍する人の語る言葉には、独特の迫力があります。そんな、「**現場を知る人が本音で語る**」知識を、ビジネスのあらゆる分野においてご提供していきたいと思っております。

本シリーズのシンボルマークは、理屈よりも実用性を重んじた古代ローマ人のイメージです。彼らが残した知識のように、本書の内容が永きにわたって皆様のビジネスのお役に立ち続けることを願っております。

二〇〇六年四月

ＰＨＰ研究所